Université de Paris — Faculté de Droit

THÈSE POUR LE DOCTORAT

Université de Paris. — Faculté de Droit

La Survivance de la Seconde Coutume de Paris

LE DROIT CIVIL DU BAS-CANADA

THÈSE POUR LE DOCTORAT

(Sciences juridiques)

présentée et soutenue devant la Faculté de Droit de Paris
le 2 Juin 1923, à 15 h. 30

PAR

Louis ANTIER
LICENCIÉ ÈS-LETTRES

Président : M. Lévy-Ullmann, professeur
Suffragants : M. Meynial, professeur
— M. Capitant, professeur

ROUEN

IMPRIMERIE DES « PETITES AFFICHES »
28, boulevard des Belges 28

—

1923

INTRODUCTION

Le 20 avril 1534, Jacques Cartier débarquait à Gaspé, sur la côte d'Acadie ; au nom du roi François Ier, il prenait possession des terres de la « Nouvelle-France ». Le long des rives du Saint-Laurent, qu'après la traversée inquiète de l'Océan mouvementé les caravelles remontaient lentement, la civilisation française s'implantait pour jamais. Et lorsque, quelques soixante-dix ans plus tard, sur le plateau rocheux qui domine le fleuve et le rétrécit au point où commence son estuaire, Samuel Champlain établit l' « habitation » de Québec, il jetait les fondations d'une ville appelée à devenir une admirable cité française.

Québec en 1608 ! Un fort qui abrite un magasin... La Nouvelle-France, immensité déserte, noire de forêts impénétrables, verte de vastes prairies que foule le lourd galop des troupeaux de bisons, que coupent les larges rivières riches en castors et en loutres. Rapidement y accourent pêcheurs, chasseurs, trappeurs, suivis des chercheurs d'or, des aventuriers de toutes sortes, en même temps que les missionnaires essayent d'en pénétrer les profondeurs.

Déjà l'Angleterre guette ce magnifique terrain d'exploitation ; elle l'occupe même une première fois à la faveur de la lutte contre les Protestants. Mais en 1632, la clairvoyance de Richelieu, plus soucieux et plus averti des intérêts de la France que ne le seront les ministres de Louis XV, fait de la restitution du Canada la première condition de la paix.

Colbert, lui, comprend le Cardinal et assure la continuation de son œuvre. De Colbert en effet date la véritable expansion de nos possessions d'outre-mer ; sous son énergique impulsion, le Canada deviendra plus qu'une colonie, une vraie province française, administrée comme les provinces de la Métropole par un gouverneur et un intendant. Il n'organise pas, — le mot serait trop faible, — il crée. C'est à partir de ce moment que le nom de Nouvelle-France, fièrement donné à leurs comptoirs par les pêcheurs de Saint-Malo, prend réellement toute sa signification. De 1667 à 1690, environ 4.000 paysans, laboureurs de Normandie, de Bretagne et d'Anjou émigrent à la Nouvelle-France : le gouvernement de Louis XIV leur assure des terres où s'établir.

Ils y feront souche de Français : un demi-siècle à peine et dès 1740, la population française se montera à près de 80.000 habitants. Elle aura ses deux villes bien fortifiées, Québec et Montréal, et la citadelle de Louisbourg, avec son rempart en pierres de taille haut de 12 mètres, son fossé large de 25, les 200 bouches à feu de ses batteries, affirmera la puissance du Roi et constituera la place la plus formidable de tout le Nouveau-Monde.

Le résultat d'un pareil effort survivra à toutes les vicissitudes de la politique continentale. Lorsque la Monarchie laissera échapper de ses mains affaiblies un des plus beaux joyaux de sa couronne, du moins la population du Canada se trouvera assez forte, assez unie, en un mot assez française pour obtenir du Conquérant qu'il reconnaisse solennellement aux Canadiens le libre usage de la langue, le maintien des lois et des institutions que leurs pères ont apportées de la mère-patrie et auxquelles au fond de leur cœur ils demeurent inébranlablement attachés.

Habileté de la politique britannique qui, par cette concession capitale — à laquelle, nous le verrons, elle tente d'abord mais en vain d'échapper — entend sans doute assimiler plus promptement encore le petit noyau de Français dans l'afflux chaque année plus envahissant de ses fonctionnaires et de ses immigrants, en apaisant les hostilités, en endormant les méfiances bien naturelles de la race conquise. Ainsi Rome jadis : mais c'était Rome, et c'était la civilisation latine...

Les Franco-Canadiens eussent résisté à la force, ils ont résisté à des concessions et à des égards autrement dangereux ! Ils ont résisté, ils ont grandi par leur seule force native — combien puissante, combien admirable — qu'aucune entrave, qu'aucun obstacle n'a pu détourner de son action persistante. Aujourd'hui ils sont un peuple ; ils forment une nationalité organique, ayant des traditions déjà séculaires et un passé commun, seul groupe de population (on l'a souvent fait remarquer (¹) qui a reçu en Amérique le baptême d'une nationalité distincte, qui a été façonné par les lois et les principes qui la constituent, et qui seul se présente à l'heure actuelle comme un tout homogène, en présence des éléments infiniment variés qui composent l'énorme population de l'Amérique du Nord. Rien ne peut plus désormais arrêter l'expansion naturelle de cette race, appuyée sur la possession du sol, sur la puissance des traditions, l'empire des mœurs établies.

Elle occupe la partie nord-est de l'Amérique du Nord, la province de Québec qui, traversée par le Saint-Laurent, s'étend de l'état du Maine à la baie d'Hudson, du Labrador à la province de l'Ontario. D'une superficie d'environ 704.653 milles carrés, la plus considérable des provinces canadiennes, plus grande que la France, elle comptait en 1911 une population d'origine française de 1.605.339 habitants. Au dernier recensement, cette population française est montée à 2.100.000 sur une population totale de 2.550.000 habitants (²).

Nous connaissons son influence mondiale. Pendant la grande guerre, au jour des traités de paix, dans l'examen des problèmes nés de la guerre, nous avons pu apprécier cette influence et en mesurer l'étendue. Notre pays est fier de voir dans quel sens elle s'exerce toujours.

*
* *

Ce rapide retour sur le passé suffirait seul à justifier une étude du droit civil du Bas-Canada. Mais comme cette étude s'explique davantage encore, si l'on sait qu'elle constituera avant tout une page d'histoire du droit français.

Jusqu'à une époque récente notre ancien droit fut la loi du Bas-Canada. De nombreuses nations nous ont emprunté nos institutions juridiques, mais seulement après le Code Civil, à la faveur de l'universelle propagation des idées françaises par la Révolution. À la nouvelle France, au contraire, c'est la Coutume de Paris qui fut

---

(1) Antoine Perrault, professeur à l'Université Laval de Montréal, *Les lois françaises au Canada.* — *France-Amérique,* juin 1920.

(2) Recensement de juin 1921. — Renseignement fourni par M. le Juge Lafontaine, professeur à la Faculté de Droit de Montréal.

la loi écrite originaire ; et bien plus tard que chez nous, elle le demeura, à travers quelques modifications et quelques changements inévitables amenés par les exigences de la vie moderne. Puis, lorsqu'en 1867 l'heure arriva de codifier la législation bas-canadienne, nécessité commune à toutes les Sociétés contemporaines et à laquelle les pays anglo-saxons seront forcés de se soumettre tôt ou tard (1), c'est encore de la Coutume de Paris que les codificateurs s'inspirèrent. Si le guide auquel ils eurent alors recours fut tout naturellement le Code Napoléon, la Coutume de Paris, mère des deux législations, resta la base de leur travail.

Survivance historique absolument remarquable et qu'on ne peut rapprocher que de la persistance si curieuse et si pittoresque de la vieille Coutume de Normandie dans les Iles anglo-normandes, et notamment dans l'Ile de Jersey (2). Si ce modeste travail en suscitait d'autres, son but serait atteint ; car, pour étonnant que cela puisse paraître, aucune étude française n'existe encore sur le droit civil du Bas-Canada.

D'avoir entrepris celle-ci, à défaut de la satisfaction de l'avoir pleinement menée à bien, j'ai eu la joie de recevoir du Canada les encouragements les plus affectueux ; il s'y mêlait parfois, peut-être, quelque reproche un peu voilé : « Je ne saurais vous dire, m'écrivait une des plus hautes personnalités de la magistrature canadienne, le plaisir que j'ai ressenti à l'annonce de votre étude, ainsi que l'émotion que j'en ai éprouvée ; je ne croyais pas qu'en France, dont le souvenir est resté si vivace parmi nous, on voulut bien encore s'occuper de nous (3) ; pourtant nous sommes vos compatriotes, ajoute mon

---

(1) Voir sur la question de la codification dans les pays anglo-saxons les aperçus si intéressants donnés par M. Henri LEVY-ULLMANN, dans ses *Observations Générales sur les Communications relatives au Droit privé dans les pays étrangers* (*Les Transformations du droit depuis 50 ans, Livre du Cinquantenaire de la Société de Législation Comparée*, p. 101 et suiv.).

(2) L'Ile de Guernesey possède un Code inspiré de la Coutume de Normandie. Mais, à Jersey, aucune codification moderne n'a été faite, de telle sorte que la Vieille Coutume de Normandie y est encore en vigueur.

(3) Cette lettre a été écrite avant que parût le saisissant roman du regretté Louis HÉMON : le succès sans précédent de *Maria Chappedelaine*, dont plus de 600.000 exemplaires sont aujourd'hui répandus à travers la France, a dû convaincre mon correspondant que nous n'avons pas oublié nos frères canadiens.

éminent correspondant, et mes ancêtres sont originaires de Saint-Philbert, dans l'ancien diocèse de Séez... »

N'est-ce pas que nous voici tout de suite dans une atmosphère bien française ? Que tous ceux qui, de là-bas, ont eu la bonté de s'intéresser d'avance à cette étude sur le Droit Civil du Bas-Canada, en excusent les lacunes et les imperfections, et veuillent trouver ici l'expression de ma profonde reconnaissance.

PREMIÈRE PARTIE

Histoire du Droit Civil du Bas-Canada

Trois étapes marqueront cette première partie de notre étude. Nous assisterons d'abord à l'établissement de la législation civile française au Canada et à son fonctionnement (1534-1759). Les débuts de la domination anglaise ouvriront une seconde période, très courte, mais marquée par des troubles et des tentatives d'organisation britannique, auxquels mettra fin l'Acte de Québec (1759-1774). La Coutume de Paris entrera alors de nouveau en vigueur jusqu'à la promulgation du Code civil (1774-1867).

CHAPITRE PREMIER

LE CANADA — COLONIE FRANÇAISE

(1534-1759)

La législation et l'administration de la justice à l'origine de l'occupation française. — L'œuvre des premiers gouverneurs. — La Compagnie de la Nouvelle-France et la Coutume de Paris. — Création du Conseil Souverain de Québec. — L'édit de 1664 : la Coutume de Paris, loi de la Nouvelle-France. — Les ordonnances royales : la question de l'enregistrement. — Le droit local, la jurisprudence.

Aux débuts de l'occupation française, depuis la prise de possession du Canada par Jacques Cartier jusqu'à 1663, date de la création du Conseil souverain de Québec, la législation civile applicable à la Nouvelle-France ne fut pas déterminée d'une façon positive, en même temps d'ailleurs que l'administration de la justice restait très rudimentaire. Toute cette période, on le conçoit facilement, fut une période de tâtonnements et d'essai d'organisation, au cours de laquelle aucun système légal ne parvint à s'implanter officiellement dans la colonie.

Les pouvoirs des gouverneurs étaient en la matière aussi vagues qu'étendus. On en jugera par la commission accordée par Henri III au marquis de la Roche. Nommé gouverneur et vice-roi « des terres

neuves et pays occupés par gens barbares qu'il prendra et conques-
tera », il pouvait « bâtir des villes, faire la guerre, *promulguer des
lois* et les faire exécuter » ; et ses lettres patentes ajoutaient : « Voulons et nous plaît qu'il puisse en cette charge faire, disposer et
ordonner de toutes choses opinées et incpinées concernant ladite
entreprise, comme il jugera à propos pour notre service les affaires
et nécessités le requérir et tout ainsi et comme nous-même ferions
et faire pourrions, si présent en personne étions, validant dès à présent, comme pour lors tout ce que par notre dit lieutenant sera fait,
dit, constitué, ordonné et établi, en quelque sorte et manière que ce
soit où puisse être. » (¹).

Aucun régime défini ne présidait donc à l'administration de la
justice et au règlement des litiges entre particuliers. La justice civile
s'exerçait généralement par voie d'arbitrage ou, ainsi qu'on disait
alors, d' « amiables compositeurs » ; ce n'est que lorsque ce moyen
n'avait pas réussi, qu'on avait recours au gouverneur et à son conseil ;
leurs décisions s'inspiraient surtout du bon sens et de l'équité naturelle bien plus que des lois écrites.

Ce régime en quelque sorte patriarcal ne pouvait convenir qu'à
une colonie en formation, dont les membres se connaissaient pour
ainsi dire tous entre eux. Le jour où des terres furent partagées, des
propriétés établies, des villes construites, la population accrue et le
petit noyau des premiers colons dispersé et submergé, il fallut songer
à une organisation plus étroite et plus régulière.

En 1608, Champlain fut investi de pouvoirs législatifs et judiciaires
plus précis que ceux de ses prédécesseurs. Il eut mission de nommer
des officiers pour l'administration de la justice et de rendre des
ordonnances jusqu'à ce que le gouvernement de la métropole puisse
le faire régulièrement. Le secrétaire d'Etat à la marine lui écrivait
à ce sujet, l'autorisant « avec l'avis de gens prudents et capables, à
prescrire sous notre bon plaisir des lois, statuts et ordonnances
autant qu'il se pourra conformes aux nôtres, notamment ès choses et
matières auxquelles il n'est pas pourvu par icelles » (²).

Les pouvoirs concédés à Champlain, pour larges qu'ils fussent,

----

(1) SULTE, *Histoire des Canadiens français*, t. I, p. 36.
(2) SULTE, op. cit. t. I, p. 123.

établissaient nettement une directive et lui imposaient une ligne de conduite : il devait s'efforcer de suivre l'esprit des lois françaises, en attendant qu'elles puissent être appliquées directement. Conformément à l'ordonnance de 1608, Champlain institua à Québec une cour de prévôté, sur le modèle de celles de France. Mais d'après quelles règles juridiques ce tribunal rendrait-il la justice ? Il ne semble pas qu'aucune instruction officielle lui ait été donnée ; néanmoins la cour de prévôté appliqua tout de suite la Coutume de Paris ; on s'en rend compte en parcourant ses arrêts dont le recueil a été publié (¹)

La cour de Québec ne fit qu'obéir au désir de la Compagnie de la Nouvelle-France, connue dans l'histoire sous le nom de Compagnie des Cent-Associés. Jusqu'en 1663 la Compagnie exerça un droit de contrôle tout-puissant sur l'administration de la colonie et, d'une façon générale, elle entendait que la Coutume de Paris soit appliquée au Canada. Au surplus, certains actes privés passés par les colons indiquent aussi que la Coutume de Paris était par eux invoquée ; notamment, quand la Compagnie traitait avec les colons, les actes portaient la clause finale suivante : « ... Le tout suivant et conformément à la Coutume de la Prévôté et Vicomté de Paris, que la Compagnie entend être observée et gardée par toute la Nouvelle-France » (²).

C'est de cette façon que la Coutume de Paris fait son apparition au Canada, presque à l'origine de l'occupation française. Rien d'officiel, en somme. Il n'y eut de la part de l'autorité royale aucune disposition précise visant la Coutume de Paris. Celle-ci se glisse d'elle-même dans la colonie, elle n'est pas imposée par la métropole. Mais quoi d'étonnant à ce que du premier jour, en l'absence de toute volonté officielle, la Coutume de Paris s'introduise dans le premier tribunal régulièrement organisé à la Nouvelle-France ? C'est la coutume la plus respectée du royaume de France, celle que dès 1560 Dumoulin appelait « caput omnium hujus regni » ; moins d'un siècle plus tard, elle sera considérée comme le droit commun de la

---

(1) PERRAULT, *Extraits ou précédents tirés des registres de la Prévôté de Québec.* (Québec, 1824).

(2) LEMIEUX, *Les Origines du Droit Franco-Canadien*, p. 258, ouvrage fondamental pour l'étude des institutions juridiques et politiques de la province de Québec.

France ; tout naturellement donc la Coutume de Paris traverse l'Océan, au moment où il devient nécessaire de pourvoir à l'établissement d'un statut juridique pour nos possessions d'outre-mer.

*
* *

Ce statut n'était pas encore consacré. La situation restait forcément de ce chef assez équivoque. Parmi les colons disséminés dans de vastes étendues de pays et dont le caractère indépendant — c'était par amour de la liberté que beaucoup avaient quitté leur province natale — s'accommodait mal d'un pouvoir central trop lourd, l'autorité des représentants royaux chargés de veiller au maintien de l'ordre public se voyait souvent discutée et il arrivait que les décisions de la cour de Québec demeuraient sans exécution.

De plus, à la Coutume de Paris s'opposait avec un certain succès la Coutume du Vexin. La Compagnie des Cent-Associés elle-même, en dépit de ses intentions solennellement affirmées de suivre la Coutume de Paris (¹), se voyait obligée de reconnaître en certains cas la prépondérance de la Coutume du Vexin (²).

De cette rivalité, où souvent la Coutume de Paris trouvait le dessous, il existe une explication fort simple qu'en 1707 encore, l'intendant Jacques Raudot éprouvait le besoin de donner à Pontchartrain, ministre de la marine (¹). « J'ai l'honneur de vous faire observer que les Normands étant les premiers à venir dans cette contrée, ont établi sur leurs domaines la Coutume du Vexin ». N'était-il pas tout naturel que ces gens souvent émigrés ensemble, aient entendu conserver dans leurs relations juridiques les règles qu'ils avaient appris à observer dans leur petite patrie, et auxquelles ils demeuraient accoutumés ?

Cette influence de la Coutume du Vexin normand rencontra longtemps par surcroît un appui très puissant à la métropole. Jusqu'à la création du Conseil souverain de Québec, la Nouvelle-France releva du Parlement de Rouen qui, en matière judiciaire, connaissait en dernier ressort des affaires portées devant la cour de prévôté

---

(1) ISAMBERT, XVI, p. 216.
(2) Titres des seigneuries, p. 358 et 386. (Québec, 1852).
(1) Canadian Archives, ser. F, vol. 26, p. 7.

ou devant le consel du gouverneur. De ce fait la Coutume du Vexin recevait en appel une application quasi officielle. Il est à remarquer cependant que peu d'affaires allaient au parlement de Rouen, à cause de la longueur de la procédure et des frais considérables qu'entraînait un envoi en France.

Si même d'ordinaire les Cent-Associés favorisaient et imposaient l'application de la Coutume de Paris, il arrivait aussi parfois qu'ils trouvaient avantage à l'écarter au profit de la Coutume du Vexin : alors ils n'hésitaient pas à sacrifier à leur tour, et en dépit de leur attitude habituelle, la Coutume de Paris. Un exemple intéressant et très curieux s'en présente en matière de mutation de propriétés. Les règles du Vexin accordaient le paiement d'un droit de relief au profit du seigneur pour toutes les mutations sans exception ; au contraire, la Coutume de Paris n'accordait le relief que pour les mutations autres que celles par successions ou donations en ligne directe (¹). La Compagnie de la Nouvelle-France, en vertu de ses privilèges, était seigneur d'une grande partie du pays ; elle concédait les terres en tenures aux colons et immigrants, à la manière du système féodal français du moyen-âge. On comprend l'intérêt qui s'attachait pour la Compagnie à ce que, sur ce point, les dispositions avantageuses de la Coutume du Vexin l'emportent sur celles plus étroites et moins favorables à la Coutume de Paris. Elle y parvint provisoirement (²).

*
* *

L'administration de la Compagnie des Cent-Associés donnait d'ailleurs lieu à de nombreux et graves abus. En avril 1663, sous l'influence de Colbert, Louis XIV prononça la dissolution de la Compagnie et plaça la Nouvelle-France sous le contrôle direct du gouvernement central. L'Edit établissait une administration royale et ordonnait l'organisation d'une cour supérieure, sous le nom de Conseil supérieur de Québec. Ce fut, pourrait-on dire, un petit parlement de Paris. Chargé de pouvoirs administratifs, disposant des

---

(1) Cout. de Paris, art. 33 : *Pour les mutations qui se font par successions ou par donations en ligne directe, n'est rien dû, si ce n'est au Vexin.*
(2) W. BENNET MUNRO, Rechtswissen Schaftliche Beitrage (Stuttgart 1909).

deniers publics, réglant le commerce intérieur, il fit aussi fonction de tribunal d'appel.

L'ordonnance prévoyait en effet, partout où cela serait nécessaire, la création de juridictions inférieures pour « juger en première instance, sans chicane et longueur de procédures, des différents procès qui pourront survenir entre les particuliers ». La colonie fut partagée en trois districts ; ils portaient les noms des villes qui leur servaient de chef-lieu : Québec, les Trois-Rivières et Montréal. Dans chacun d'eux fut constituée une cour civile et criminelle.

A tous ces tribunaux, l'édit de 1663 donne cette fois des règles fixes et étroitement déterminées. « Nous avons cru ne pouvoir prendre une meilleure résolution qu'en établissant une justice réglée et un Conseil souverain dans ledit pays, pour y faire fleurir les loix, maintenir et appuyer les bons, châtier les méchants et contenir chacun dans son devoir, y faisant garder autant qu'il se pourra la même forme de justice qui s'exerce dans notre royaume... Avons en outre audit Conseil souverain donné et attribué, donnons et attribuons le pouvoir de connaître de toutes causes civiles et criminelles, pour juger souverainement et en dernier ressort selon les loix et ordonnances de notre royaume, et y procéder autant qu'il se pourra en la forme et manière qui se pratique et se garde dans le ressort de notre cour et parlement de Paris, nous réservant néanmoins, selon notre pouvoir souverain, de changer, réformer et amplifier lesdites lois et ordonnances, d'y déroger, de les abolir, d'en faire de nouvelles ou tels règlements, statuts et constitutions que nous verrons être plus utiles à notre service et au bien de nos sujets dudit pays » (¹).

Remarquons cependant que si l'ordonnance est précise, elle l'est surtout en ce qui concerne les règles extérieures de la justice : le nouvel organisme devra suivre la procédure du parlement de Paris ; mais quant aux sources mêmes du droit auxquelles il aura recours, ce seront bien « les lois et ordonnances de notre royaume », mais une telle formule va encore laisser la porte ouverte aux hésitations et aux désordres qui ont marqué la période antérieure. Pas plus qu'auparavant l'on ne fait à la Coutume de Paris une place officielle

____

(1) Edits et Ordonnances, I, p. 37.

à la barre des diverses juridictions coloniales ; on ne stipule pas que c'est elle qui devra être exclusivement suivie ; son nom n'est même pas prononcé.

Un dernier pas — décisif — reste à franchir. Il le sera moins d'un an plus tard, lors de la création de la Compagnie des Indes Occidentales. La Compagnie est établie par un édit de mai 1664, qui lui garantit une vaste étendue de territoires en Amérique et en Afrique. Dans un de ses articles, l'édit indique les lois qui devront régir les habitants de la Nouvelle-France : « Seront les juges établis en tous lesdits lieux tenus de suivre et se conformer à la Coutume de la Prévôté et Vicomté de Paris, suivant laquelle les habitants pourront contracter, sans que l'on puisse y introduire aucune coutume pour éviter la diversité » (1).

A cette date, la Nouvelle-France reçoit définitivement un statut juridique. De façon officielle et exclusive, elle est dotée d'un droit civil : celui de la Capitale. La Coutume du Vexin s'efface ; désormais, étape finale et nécessaire d'une évolution que l'autorité métropolitaine se borne à consacrer, la Coutume de Paris devient également la Coutume de la Nouvelle-France.

*
* *

A côté de la Coutume qui va maintenant constituer la base du droit privé canadien, les cours de la colonie doivent appliquer les lois et ordonnances du royaume. Elles étaient alors encore peu nombreuses, au moins celles concernant le droit civil. Mais le règne de Louis XIV abonda en législation nouvelle ; les « grandes Ordonnances » entreprises en 1667 revisèrent et codifièrent plusieurs matières importantes ; elles complétèrent la Coutume où s'appliquèrent à des situations que la Coutume n'avait pas prévues ; parfois aussi les ordonnances changèrent et altérèrent les règles de la Coutume, par exemple l'ordonnance sur les donations (février 1731).

Il est intéressant de savoir si les grandes ordonnances s'appliquèrent à la France seule, ou si elles s'étendirent aussi aux colonies. Leurs dispositions se sont-elles en particulier ajoutées au droit cana-

---

(1) Id, p. 46.

dien ? Sur cette question s'est élevée une controverse qui n'est pas close.

Tout d'abord, quels étaient les droits du Conseil souverain vis-à-vis des ordonnances de la Couronne ?

En France, pour acquérir force de loi, une ordonnance devait être préalablement enregistrée par les divers parlements, de Paris et de province. Comme on sait, les parlements avaient le droit de se refuser de procéder à l'enregistrement : ils en usèrent dans quelques cas fameux. Edits et ordonnances ne pouvaient ainsi acquérir validité, sauf au souverain à tenir un lit de justice pour assurer l'exécution de ses ordres.

Le Conseil souverain de Québec était établi sur le modèle d'un parlement de France, et il lui avait été prescrit de conformer sa procédure à celle du parlement de Paris. L'une de ses fonctions principales consistait donc à recevoir édits et ordonnances venant de France et à les enregistrer en ses séances (¹). Pouvait-il, comme un parlement de France, se refuser à enregistrer un édit ou une ordonnance ?

La réponse à ce premier point paraît assez simple. Evidemment les droits du Conseil souverain en la matière étaient les mêmes que ceux des parlements français. Mais une différence capitale distinguait le Conseil souverain des assemblées françaises. Au contraire de ce qui se passait chez nous, les charges du Conseil souverain n'étaient ni vénales ni héréditaires ; le roi nommait à son gré les conseillers — ils furent d'abord cinq, puis sept, douze et enfin seize — qui ne pouvaient obtenir leurs sièges par héritage ou par achat. De même la conservation de leur situation dépendait du bon plaisir du roi, toujours libre de les révoquer à volonté. Dans ces conditions, s'aventurer à faire grise mine à un ordre d'enregistrement, exposait les conseillers récalcitrants à un retrait immédiat de leur charge. Ils le savaient fort bien, et on ne trouve pas de cas où ils aient refusé ou seulement tenté de refuser de s'incliner devant les décisions royales.

Mais il existait un moyen moins dangereux qui permettait au

____

(1) Les procès-verbaux des séances du Conseil souverain sont réunis à Québec en 56 volumineux manuscrits. Il a été publié 6 volumes de *Jugements et délibérations du Conseil souverain de la Nouvelle-France.* (Québec (1885-1891).

Conseil souverain de les annihiler en fait. Avant qu'un édit ou une ordonnance puisse être appliqué dans la colonie, il fallait non seulement un enregistrement préalable, mais encore que l'édit ou l'ordonnance soit dûment promulgué par tout le pays. La promulgation s'opérait par l'envoi de copies aux cours subalternes et aux officiers inférieurs des paroisses ; par leurs soins ces copies étaient affichées, en place visible, d'habitude à la porte de l'église. Après l'enregistrement le procureur général n'avait qu'à ne pas promulguer l'édit ou l'ordonnance, et personne, en dehors du petit cercle des conseillers et des hauts officiers, n'avaient connaissance de la réception et de l'enregistrement qui, par ce subterfuge, demeuraient lettre morte.

Le cas s'est présenté quelquefois. En 1686 notamment, afin d'obliger les seigneurs à construire des moulins, un édit donna aux habitants le droit d'en bâtir eux-mêmes affranchis de toutes redevances banales, si dans le délai d'un an le seigneur n'en avait pas fait élevé un lui-même. En 1707 l'édit n'était pas encore promulgué. Un plaideur le produisit dans un procès et entendit s'en prévaloir ; sa prétention fut repoussée, l'édit étant resté sans publication. Mais ces faits amenèrent alors une enquête ; dans son rapport au roi, l'intendant Raudot dévoile en s'indignant tous les dessous de l'affaire : « On ne peut imputer la faute qu'au sieur d'Auteuil, lequel en qualité de procureur général du Conseil, est chargé d'envoyer les arrêts de cette qualité dans les sièges subalternes, mais il était de son intérêt comme seigneur et aussi de l'intérêt de quelques conseillers aussi seigneurs de ne pas faire connaître ledit arrêt. Voilà, monseigneur, comme le Roi est obéi dans ce pays, dans lequel je puis vous dire que si on n'y tenait pas continuellement la main, les intérêts de Sa Majesté et ceux du public seraient toujours sacrifiés aux intérêts des particuliers » (1).

*
* *

Il fallait donc user de ruse pour éviter l'application d'un édit ou

---

(1) Canadian Archives, S. C. « A, vol. 26, pp. 15-18. — Communication due à l'obligeance de M. le Juge LAFONTAINE, professeur à la Faculté de Droit de Montréal.

d'une ordonnance présentés à l'enregistrement du Conseil souverain. Mais une ordonnance enregistrée et promulguée en France, et non enregistrée au Canada, était-elle applicable à la colonie ? En d'autres termes, l'enregistrement par le Conseil souverain était-il une condition « sine qua non » de la mise en vigueur ?

La question est encore ardemment controversée. Elle n'offre plus aujourd'hui qu'un intérêt historique ; mais pendant longtemps sa solution dans l'un ou l'autre sens impliquait l'existence ou la non existence dans la colonie des ordonnances qui, à côté de la Coutume, constituaient la base même de l'ancien droit français.

Certains auteurs (1), élargissant le plus possible les bases sur lesquelles s'appuie le droit canadien, pensent que les ordonnances promulguées par le roi de France, enregistrées au parlement de Paris, régissaient tout le royaume, les colonies et la métropole, la nouvelle et l'ancienne France. Au point de vue documentaire, ils se fondent sur deux textes principaux. Tout d'abord, l'article 1er de l'ordonnance de 1667 enjoignait aux cours de parlement de garder et d'observer toutes les ordonnances qui seraient à l'avenir promulguées par le roi, et il ne prescrivait pas l'enregistrement à peine de nullité. Quelques années plus tard, en 1675, Duchesneau, procureur du roi, reçut la mission de faire observer les édits et ordonnances en vigueur dans le royaume de France ; là encore, les lettres patentes qui lui sont adressées ne contiennent pas mention de la nécessité de l'enregistrement.

A l'appui de cette thèse, on fait ensuite valoir une considération de fait très sérieuse. Affirmer, dit-on, que les édits et ordonnances non enregistrées au Conseil supérieur n'ont jamais eu force de loi au Canada, c'est déclarer que la Nouvelle-France n'a jamais eu d'ordonnances en matières criminelle, commerciale, maritime, puisqu'aucune d'elles n'a jamais été enregistrée. Et pourtant on voit, par de nombreux arrêts que ces diverses ordonnances ont fait autorité dans la colonie (2).

M. Lémieux (3) propose une distinction. D'après lui, les ordonnances

---

(1) LÉMIEUX, op. cit. pp. 286 et suiv. Le savant auteur traite d'une façon très approfondie cette question que nous ne pouvons ici qu'effleurer.

(2) LAREAU, *Histoire du Droit Canadien*, pp. 131-132-292.

(3) LEMIEUX, op. cit., p. 292.

se divisaient en deux catégories : celles qui devaient s'appliquer à tout le royaume et celles qui n'intéressaient que certains parlements. Les ordonnances générales n'auraient pas eu besoin d'être enregistrées, pour devenir obligatoires, ailleurs qu'au parlement de Paris ; quant aux ordonnances particulières, elles devaient être enregistrées dans tous les parlements dans le ressort desquels elles devaient être appliquées.

Cette explication très ingénieuse semble quelque peu spécieuse ; au surplus, elle est contredite par la vérité historique. En France, même les ordonnances générales devaient être enregistrées dans tous les parlements (1). Il n'est donc pas exact de soutenir que si les ordonnances générales ont été appliquées à la Nouvelle-France sans l'enregistrement du Conseil souverain, c'est qu'il suffisait qu'elles aient été enregistrées au parlement de Paris.

La doctrine adverse refuse de reconnaître comme source du droit canadien les ordonnances qui ne furent pas enregistrées à Québec, au greffe du Conseil souverain. Elle commence par réfuter les arguments qu'on lui oppose. L'ordonnance de 1667 et la commission de Duchesneau ne sont pas péremptoires, car on peut fort bien admettre que devait être naturellement sous-entendue l'accomplissement de la formalité nécessaire de l'enregistrement.

L'édit de 1667 porte d'ailleurs que les cours souveraines seront tenues d'enregistrer dans les huit jours ou dans les six semaines, suivant l'éloignement des lieux, les ordonnances qui leur auront été adressées par le roi. A cette prescription, le Conseil souverain répond : « Sa Majesté sera très humblement suppliée, attendu qu'elle accorde aux cours éloignées six semaines pour lui représenter ce qu'elles jugeront à propos après la délibération sur ses ordres, lesdites déclarations et lettres patentes qu'il lui plaira leur envoyer, de permettre que son conseil souverain de Québec puisse avoir un an pour lui faire ses remontrances, attendu le grand éloignement, et qu'il lui est impossible de les faire plus tôt (2). Quel serait le sens de cette requête, si les ordonnances ne devaient obligatoirement passer à l'enregistrement ?

---

(1) PLANIOL, *Traité Elémentaire de Droit Civil*, t. I, n° 48.
(2) LEMIEUX, op. cit. p. 279.

Il ne faut d'ailleurs pas seulement voir là simple prétention du Conseil souverain. De son côté le gouvernement central entendait se réserver de ne pas appliquer certaines ordonnances à la Nouvelle-France, et le moyen précisément lui paraissait tout trouvé : il n'y avait qu'à ne pas les faire enregistrer. Au procureur général Hocquart, Louis XV écrivait, le 26 octobre 1744 : « Je vous ai déjà fait savoir que mon intention est que vous ne procédiez à l'enregistrement d'aucun de mes édits, déclarations, arrêts, ordonnances, qu'après que le gouverneur général et le sieur intendant de la Nouvelle-France vous auront expliqué que je le désire ou le trouve bon ».

Ce régime n'était pas particulier à la Nouvelle-France : c'était celui de toutes les colonies. « Les conseils supérieurs, lisons-nous dans le nouveau Denizart, jouissent dans les colonies des mêmes droits que les cours souveraines en France. Ils enregistrent les ordonnances, édits, déclarations et lettres ministérielles *qui leur sónt adressés* ». A propos de la création des conseils supérieurs, Merlin rappelle : « En attendant la publication d'un code, le roi a renouvelé par une déclaration du 18 mars 1766, les défenses déjà faites aux Conseils souverains des colonies d'enregistrer sans les ordres du roi, les lois anciennes et nouvelles du royaume (¹).

Ainsi un testament olographe écrit, sans date à Saint-Domingue, fut attaqué en 1764, à la faveur de la nullité édictée par l'ordonnance de 1735. Les légataires opposèrent à cette ordonnance le défaut d'enregistrement et de publication. Le Châtelet prononça la nullité du testament ; mais le Parlement infirma cette décision et ordonna l'exécution de l'acte entrepris (²). Cet exemple nous prouve qu'il n'est pas exact de soutenir que la nécessité de l'enregistrement a été exigée seulement à partir de 1763, sous la domination anglaise. Les cours du Canada, désormais composées en grande majorité de juges d'extraction anglaise, auraient soulevé la question, dans le désir de se débarrasser autant que possible de la législation française, et principalement de l'ordonnance du commerce dont les dispositions gênaient le trafic anglais.

---

(1) Nouveau Denizart, *Colonie,* n° 6, § 1er. — Cité par DE BELLEFEUILLE, *Revue Canadienne,* avril 1869.
(2) LEMIEUX, p. 292.

On doit par contre reconnaître que les grandes ordonnances de Louis XIV, qui ne furent jamais envoyées à l'enregistrement du Conseil souverain, furent néanmoins considérées par les cours de la Nouvelle-France comme applicables à la colonie : la correspondance des intendants le prouve abondamment. Cela n'empêche pas, qu'au strict point de vue légal, elles n'avaient aucune autorité. C'est donc à juste titre que depuis la conquête anglaise, on a toujours décidé que tout édit ou ordonnance promulgué en France et non enregistré au Conseil souverain de Québec ne peut avoir aucune autorité au Canada.

De plus n'oublions pas que tout le monde est d'accord pour reconnaître la nécessité de la promulgation dans les paroisses, avant la mise en vigueur d'un édit ou d'une ordonnance (1). Or la promulgation ne pouvait que suivre l'enregistrement ; par conséquent, sans enregistrement préalable, pas de promulgation possible. La nécessité de l'enregistrement semble ainsi bien évidente (2).

Et puis, peut-être, faut-il se garder de prendre parti d'une façon trop absolue ; pour se faire une idée juste de la question, il importe avant tout de remarquer l'époque des documents sur lesquels on entend s'appuyer.

L'ordonnance de 1667, la commission de Duchesneau datent du règne de Louis XIV ; ils se placent à l'apogée de la monarchie absolue. Pendant un demi-siècle, le gouvernement royal aura la prétention d'échapper à tout contrôle des parlements ; pour cette période, l'argumentation de MM. Lemieux et Lareau est sans doute exacte. Dès qu'une ordonnance générale a été enregistrée au Parlement de Paris, le roi entend qu'elle ait force obligatoire dans tout le royaume, dans la Nouvelle-France également par conséquent. C'est ce qui explique que l'ordonnance du commerce, que l'ordonnance de la marine entre autres, sont appliquées à la Nouvelle-France sans avoir été soumises à l'enregistrement du Conseil supérieur de Québec.

Sous le règne de Louis XV, la situation intérieure change ; les parlements de province relèvent la tête et il est hors de doute qu'à

---

(1) Voir page 21, la lettre de l'Intendant, RAUDOT.
(2) Il est surprenant que cet argument ne paraisse avoir frappé aucun des nombreux auteurs canadiens qui ont traité la question.

partir du milieu du XVIIIᵉ siècle, les parlements recouvrent l'exercice de toutes leurs prérogatives, et à nouveau examinent, avant de les enregistrer, toutes les ordonnances émanant du cabinet du roi, même les ordonnances générales. Cette situation nouvelle coincidi précisément avec l'époque où la Nouvelle-France ayant pris plus d'extension, ayant acquis un développement considérable, se trouva douée d'une vie autonome, assez indépendante, pour que les édits et ordonnances de France ne dussent plus lui être appliquées automatiquement. La lettre de Louis XV à Hocquart souligne bien ce double point de vue : d'une part, le roi reconnaîtt indispensable la formalité de l'enregistrement ; de l'autre, il se réserve le droit d'être juge de l'opportunité de mettre en vigueur à la Nouvelle-France les lois de la métropole.

On fera donc une discrimination. Pour l'avenir, nécessité de l'enregistrement des édits et ordonnances destinés à la colonie. Mais, naturellement, on ne revient pas sur le passé ; il y a beau temps que les grandes ordonnances ont été introduites à la Nouvelle-France sans formalités aucunes. Le gouvernement de Louis XV ne songe ni à en interdire l'application, ni à les soumettre à un enregistrement en quelque sorte rétrospectif qui n'aurait aucune raison d'être, ces ordonnances ayant, depuis leur entrée dans le pays, été consacrées par l'usage et la pratique.

Viendront ensuite les Anglais ! Et, par un artifice habile — conforme, il faut le reconnaître, à la vérité juridique — ils écarteront l'application des ordonnances non enregistrées qui les gênent. « C'est à tort, diront-ils, qu'elles sont appliquées, nous n'en voulons plus ».

Voilà, je crois, la meilleure façon d'éclaircir cette fameuse question de l'enregistrement des ordonnances. Nous la présentons en toute simplicité. Elle seule présente l'avantage de concilier, sinon les partisans des deux opinions que nous venons d'analyser, du moins les arguments qu'ils mettent en avant (¹).

*
* *

---

(1) Il est curieux de signaler en passant que la question de l'enregistrement a donné lieu également à Jersey à de notables difficultés. Voir : Julien HAVET, *Les Cours royales des Iles normandes*, Bibliothèque de l'Ecole des Chartes (tomes 38 et 39, 1877-1878).

En dehors de la Coutume de Paris et des ordonnances qui, de temps en temps, furent enregistrées par le Conseil souverain de Québec, la troisième source du droit civil canadien découle des ordonnances et des règlements des autorités locales, ainsi que des jugements des cours canadiennes.

Le Conseil souverain promulgua « un nombre formidable » [1] de règlements, quelques-uns concernant des sujets très spéciaux, d'autres — comme les règlements de police de 1676 — d'une portée plus générale. Il y en a enfin qui touchent aux matières les plus importantes du droit [2].

Tous les fonctionnaires canadiens s'inspirèrent d'ailleurs toujours des principes généraux du droit français et des prescriptions de la Coutume de Paris et des ordonnances de la Couronne. Les pouvoirs des autorités coloniales se trouvaient limités à l'application et à l'interprétation de la loi, ils ne leur permettaient pas de la modifier. Aussi l'exercice de ces pouvoirs ne se fit-il jamais sentir à proprement parler dans le fond même du droit [3]. Nous n'avons donc pas à nous y arrêter plus longuement.

*
* *

Au milieu du XVIIIe siècle, à la fin de l'occupation française, la Nouvelle-France est régie par la Coutume de Paris, complétée ou modifiée — tout au moins en fait — par les ordonnances royales, interprétée par les autorités locales et la jurisprudence.

---

(1) *A formidable number*, W. BENNET MUNRO, art. cité.

(2) Ils ont été publiés dans : *Arrêts et Règlements du Conseil supérieur de Québec.* (Québec, 1854).

(3) *The office of Intendant in New-France, American Historical Review*, octobre 1906, pp. 15-38.

CHAPITRE II

LES DÉBUTS DE LA DOMINATION ANGLAISE

(1763-1774)

La capitulation de Vaudreuil. — Le régime martial et la justice militaire. — La proclamation de George III (7 octobre 1763). — Les ordonnances du gouverneur Murray : introduction de la législation anglaise. — Protestations et résistances. — Revirement des autorités britanniques. — « Extraits des Messieurs » (1773). — L'Acte de Québec (1774) : Rétablissement de la législation française. — Mécontentement du parti anglais.

C'est cette législation qu'au lendemain de la cession les Anglais trouvèrent en vigueur au Canada ; la France, abandonnant l'Amérique du Nord, laissait ses lois à son ancienne colonie. Qu'allait faire l'Angleterre ?

La conquête de territoires étrangers n'implique pas « ipso facto », surtout en matière de droit privé, le remplacement automatique de la loi existante par la loi du vainqueur. La Coutume de Paris devait garder au Canada toute son autorité, tant que la domination nouvelle ne l'aurait pas expressément abrogée. Cependant la question se posa dès le premier jour de la victoire anglaise, avant même que le traité de Versailles fût signé.

Au moment de la capitulation de Montréal, le 8 septembre 1760, après la défaite des plaines d'Abraham, le successeur de Montcalm, le marquis de Vaudreuil, se préoccupa de sauvegarder les intérêts privés des colons français. Dans le projet de capitulation il inséra, à l'article 42, une disposition très nette, aux termes de laquelle les Français et Canadiens continueraient à être gouvernés « suivant la Coutume de Paris et les lois et usages établis dans le pays », et ne pourraient « être assujettis à d'autres impôts qu'à ceux qui étaient établis sous la domination française » (1).

Mais le général anglais Jeffery Amherst biffa l'article 42 tel que l'avait rédigé Vaudreuil, en écrivant simplement à la place : « Ils deviennent sujets du roi. » Les autorités militaires ne voulaient et ne pouvaient évidemment prendre sur elles de reconnaître aux Franco-Canadiens un privilège aussi capital que celui ainsi réclamé. Il ne devait d'ailleurs pas leur être conféré de sitôt, sans difficultés et sans luttes.

⁎

La conquête anglaise avait été provoquée surtout par la jalousie des colons britanniques établis dans les actuels Etats-Unis ; inquiets du développement et de la prospérité de la Nouvelle-France, la victoire ne devait être à leurs yeux que le prélude de mesures radicales. Devenus les maîtres, ils organisèrent sans tarder la lutte contre le maintien de l'influence et des institutions françaises au Canada. Leurs manœuvres aboutirent rapidement.

En 1760, le pays fut divisé en trois districts judiciaires ; à la tête de chacun d'eux, à Québec, Montréal et aux Trois-Rivières, fut placé un officier supérieur, avec pouvoir d'établir des tribunaux pour l'administration de la justice. Ces tribunaux étaient en réalité de véritables conseils de guerre, composés de militaires complètement ignorants, on le conçoit, des lois du pays. Au-dessus d'eux, trois conseils d'officiers furent également formés, chargés de juger en dernier ressort les causes portées devant eux ; l'appel n'était permis que sur l'autorisation du gouverneur.

---

(1) GARNEAU, op. cit. II, 407.

Si les juges ne connaissaient pas les lois canadiennes, leurs lumières en droit anglais se trouvèrent souvent aussi obscures ! C'est ce qui explique probablement que, n'ayant guère à juger que des Franco-Canadiens, ils aient d'eux-mêmes, si paradoxal que cela puisse paraître, rendu des jugements basés sur la Coutume de Paris et les usages de la Nouvelle-France (1).

Ce régime martial ne pouvait, d'ailleurs, être que provisoire. Lorsqu'eut été signé le traité de Versailles — promulgué à Montréal le 17 mai 1763 — le roi Georges III lança une proclamation (7 octobre 1763) apportant des changements radicaux dans la législation canadienne. « Avons, dit la proclamation, expressément donné pouvoir et direction à nos gouverneurs pour faire constituer et ordonner des lois, statuts et ordonnances pour la paix publique, le bien-être et le bon gouvernement de nos dites colonies, ainsi que du peuple et des habitants d'icelles, aussi conformes que faire se pourra aux lois d'Angleterre et sous les mêmes règlements et restrictions que dans les autres colonies, et à cet effet, nous avons donné pouvoir, sous notre grand sceau, aux gouverneurs de nos dites colonies d'ériger et constituer de l'avis de nos conseils des cours de judicature et de justice publique dans nos dites colonies, pour entendre et déterminer toutes causes tant civiles que criminelles, « suivant la loi et l'équité » (2), et autant que faire se pourra, conformément aux lois d'Angleterre, avec liberté à toutes personnes qui se trouveront lésées par le jugement de telles cours, d'en appeler à nous, en notre conseil privé, sous les conditions et restrictions ordinaires. »

C'était, clairement manifestée, l'intention d'abroger en bloc toute l'ancienne législation au profit de la loi anglaise. La proclamation royale fut immédiatement suivie par des actes.

Le 21 novembre 1763, le major-général Murray était nommé gouverneur en chef de la province de Québec, qualification nouvelle des anciennes possessions françaises. Sa commission précise les pouvoirs que lui attribuait la proclamation relativement à la confection des

---

(1) LEMIEUX, op. cit. p. 353.
(2) *According to law and equity*. La traduction que nous donnons au texte est celle des auteurs canadiens. Il faut entendre, bien entendu : *Suivant le droit et l'équité. — Documents relating to the Constitutional History of Canada* (Ottawa 1907), p. 119-123.

lois et ordonnances : « Vous êtes autorisé, de l'avis et du consentement de votre conseil, de faire les lois et les règlements qui seront rendus nécessaires... » Murray mit ses pouvoirs à profit ; par ordonnance du 17 septembre 1764, il organisait l'administration judiciaire de la Province de Québec, en copiant l'organisation judiciaire britannique de l'époque.

Une cour supérieure ou cour du banc du roi (¹) était instituée à Québec. Le juge en chef de S.M. (²) présidait cette cour, « avec pouvoir et autorité d'entendre et juger toutes les causes criminelles et civiles », conformément aux lois d'Angleterre et aux ordonnances du gouverneur. Au-dessus d'un certain taux, il y avait faculté d'appel au gouverneur et à son conseil, et, dans les affaires particulièrement importantes, du gouverneur au roi en son conseil.

Les actions immobilières devaient être d'abord portées devant une cour inférieure ou « de plaidoyers communs » (common pleas) (³), la cour du banc du roi ne statuant qu'en second ressort.

Devant ces diverses juridictions, la procédure anglaise se substitua, bien entendu, à la procédure française. Une disposition complémentaire affirmait encore indirectement la volonté définitive de briser tous liens avec le passé : toutes les affaires pendantes introduites avant le 1ᵉʳ octobre 1764 seraient jugées suivant les lois et coutumes françaises (⁴).

Parallèlement à ces juridictions de droit commun, toutes les affaires civiles ou commerciales entre marchands, propriétaires de vaisseaux ou autres personnes, relèveraient d'une cour de vice-amirauté (⁵), jugeant d'après les lois maritimes et commerciales anglaises. L'ordonnance de la marine de Louis XIV se trouvait abrogée avec le reste de la législation française.

À ces mesures générales succédèrent aussitôt des dispositions d'ordre particulier. Le 6 novembre 1764, Murray fixe à 21 ans, con-

---

(1) King's Bench Court.
(2) Lord Chief justice.
(3) Traduction canadienne. C'est la Cour des Plaids communs du droit anglais.
(4) LEMIEUX, op. cit. p. 356.
(5) Court of Admiralty.

formément à la loi anglaise, l'âge de la majorité (¹). Toutes les terres de la Province dont les propriétaires sont décédés depuis l'année précédente, seront régies par les lois anglaises sur la tenure, par la coutume sur le douaire et par les règles de l'administration britanniques concernant les deshérences (²).

A la même époque, une ordonnance ratifia les jugements et arrêts des différents tribunaux militaires qui siégeaient avant l'établissement du gouvernement civil ; on prévenait ainsi les doutes qui pouvaient s'élever sur la validité de ces décisions.

*
* *

Devant cette politique d'assimilation complète, les Franco-Canadiens protestèrent et leur résistance se porta immédiatement et habilement sur le terrain légal. Ils déclarèrent illégale la proclamation de Georges III ; la nullité des ordonnances du gouverneur Murray découlait nécessairement de cette attitude, puisque Murray tenait ses pouvoirs de la proclamation.

Le roi d'Angleterre, disaient les jurisconsultes canadiens, n'avait pas le droit, par une simple proclamation, de substituer à la législation canadienne la législation anglaise. Un changement aussi radical excédait les limites de la prérogative royale ; seul un acte du parlement pouvait légalement l'effectuer et les Chambres n'avaient pas été consultées (³).

La question fut discutée avec passion. On reconnut généralement que la Couronne avait outrepassé ses droits ; c'est à cette solution que se rangèrent les tribunaux de la Province dans plusieurs causes célèbres (⁴). Les auteurs britanniques eux-mêmes adoptèrent cette opinion ; mais, pour masquer la défaite des autorités anglaises, ils soutinrent contre toute vraisemblance que les Canadiens s'étaient exagérés la portée de la proclamation et que jamais l'Angleterre

---

(1) Cout. de Paris, art. 41 : *Le fils est réputé âgé à l'âge de 20 ans.*

(2) *Ord. faites pour la Province de Québec par le Gouverneur en conseil de ladite province depuis l'établissement du gouvernement civil.* Brown et Gilmon 1767, p. 19.

(3) Les mêmes discussions s'élevèrent à Jersey. Cf. HAVET. *Le Procès sur les Coutumes des Iles.*

(4) *Stuart c/ Browman* (1851). 2 Lower Canada Reports, p. 369.

n'avait eu l'intention de changer les lois du pays. Le revirement est assez curieux ; il s'exprime d'ailleurs d'une façon plutôt embarrassée (¹) : « Il me paraît évident que cette proclamation du roi qui, lui, ne pouvait seul changer les lois du pays, et qui probablement n'en a jamais eu l'intention, ne renferme pas même l'expression du désir de Sa Majesté que les lois anglaises, je veux dire dans leur ensemble, fussent introduites au Canada ; j'y vois tout au plus l'expression du désir du roi que les tribunaux du Canada jugeassent suivant la loi et l'équité et, autant que faire se pourrait, suivant les lois anglaises. Il n'est pas permis, en présence d'une phraséologie aussi générale, aussi peu tranchée que celle-là, de violer toutes les règles de la logique, de la justice et de la loi, et d'assurer, comme on le fait, que les termes sont une déclaration formelle de la part du roi, que les lois anglaises devenaient et seraient désormais les lois du Canada. Et certes si le roi en avait l'intention, le désir et la volonté, qu'y avait-il de plus facile que de le dire ? Depuis quand les souverains, surtout les conquérants, sont-ils si timides et substituent-ils à l'expression de leur volonté des termes aussi éloignés de l'opérer que sont les mots « according to law and equity and as may be agreable to the laws of England ? » « According to law ! » Quelle loi ? « Equity ! » Cela signifie tout ce que l'on veut, et aussi peu qu'on le désire. Si on doit juger autant que faire se pourra suivant les lois anglaises, comment se fait-il qu'elles ont été introduites ? Serait-ce donc pour laisser aux juges la liberté, selon leurs caprices, de s'y conformer ou de s'en écarter ?... Ainsi non seulement la proclamation de 1763 ne justifie aucunement d'en inférer l'introduction en Canada des lois anglaises, mais elle n'autorise même pas la conclusion logique et raisonnable que Sa Majesté George III ait eu l'idée de le faire... »

Malheureusement pour cette thèse un peu naïve, les ordonnances de Murray sont là pour nous prouver que les autorités britanniques avaient indiscutablement l'intention de supprimer la législation française ; le jour où elles durent se rendre compte que cela était impossible, elles essayèrent de la manière qu'on vient de voir de rattraper les imprudences et les erreurs de leur gouvernement.

---

(2) Communication de M. le Juge LAFONTAINE.

Au surplus, en effet, la proclamation ne put être appliquée rigoureusement, pas plus que ne furent observées les ordonnances de Murray. En dehors de la question de légalité, elles se heurtaient à trop de difficultés d'ordre pratique. En 1765, sur 500 familles, il n'y a encore au Canada que 36 familles d'origine anglaise ; sur 60.000 habitants, tout au plus que 500 Anglais. Dans ces conditions, étant donné leur nombre, comment aller aussi brutalement à l'encontre des habitudes et des sentiments déclarés des Franco-Canadiens ? (¹).

Les fonctionnaires locaux, qui se trouvaient en contact plus étroit avec la population et qui sentaient davantage combien les événements risquaient de mal tourner, prirent sur eux de donner aux cours locales des instructions officieuses pour juger les procès concernant la propriété suivant les anciennes lois et usages de la Province. Le caractère conciliant du gouverneur Murray contribua également à arranger les choses. Dans ses rapports, Murray constate lui-même que les Franco-Canadiens administrent leurs biens suivant les lois françaises et les Anglais suivant les lois anglaises : « Aucun procès, ajoute-t-il, n'est venu heureusement soulever la question de la suprématie de l'une ou de l'autre législation » (²).

Devant une situation qui leur dictait impérieusement leur ligne de conduite, les autorités continentales s'inclinèrent et approuvèrent le gouverneur Murray (³).

⁎⁎

Cette décision éclaircit l'horizon. Mais elle reculait simplement la difficulté ; elle ne tranchait pas la question de savoir quelle était celle des deux législations qui l'emporterait définitivement ; il était évident que tôt ou tard le problème devait être solutionné dans un sens ou dans l'autre. Le gouvernement britannique, sur les instances mêmes de la magistrature anglaise installée au Canada, se résolut à

---

(1) DOUTRE et LAREAU: *Le Droit Civil Canadien* (Montréal, 1873), p. 596.
(2) Rapport du 27 février 1769, cité par Smith, *History of Canada*, II, p. 42.
(3) *Instructions to the Hon. James* MURRAY, June 24, 1766. — Board of trade Canada, vol. XV, London.

agir. Le procureur général de la Province Mazères, l'avocat général Marriott, les procureurs généraux York et Thurlow, les solliciteurs généraux de Grey et Wedderburne adressèrent à Londres des rapports très étudiés, tous favorables au maintien des lois françaises (1).

Dans un rapport au roi du 14 avril 1766, de Grey écrivait : « Il n'y a pas de principe plus certain de la « common law » qu'un peuple conquis conserve ses anciennes coutumes, tant que le conquérant ne lui a pas régulièrement donné de nouvelles lois ». Et il concluait que ce serait agir d'une manière oppressive et violente que de changer soudainement les lois du pays, d'autant que le Canada possédait un code de lois bien connues.

De son côté le procureur général Thurlow déclarait : « Des sujets nouvellement acquis par droit de conquête doivent attendre de la bonté et de la justice de leur conquérant, la conservation de toutes leurs anciennes lois ; ils n'ont pas moins de raisons, ce me semble, de l'attendre de sa sagesse. Il est de l'intérêt du conquérant de ne point molester ses nouveaux sujets, mais de les laisser dans une très grande tranquillité et dans une sécurité profonde, pour ne point leur donner inutilement motif de se plaindre, d'être mécontents et do manquer de respect à leur nouveau souverain ». A ces raisons d'ordre pratique, Thurlow ajoutait un argument juridique qui ne manquait pas de valeur : il faut... « reconnaître aux Canadiens le droit de jouir de toutes celles de leurs anciennes lois qui ne sont pas incompatibles avec les principes du nouveau gouvernement, vu que leurs propriétés leur ayant été garanties, les lois qui les créent, les modifient, doivent aussi leur être conservées, autrement leurs propriétés se réduiraient à une simple possession personnelle. Le meilleur moyen d'assurer la paix et l'ordre, c'est de les laisser dans leurs habitudes d'obéissance aux lois auxquelles ils sont accoutumés et non de les forcer à suivre des lois qu'ils ne connaissent point ; et *si le système qu'on veut détruire est plus parfait que tout ce que la sagacité humaine peut espérer d'y substituer*, alors la balance l'emporte entièrement en sa faveur » (2). Plus bel hommage a-t-il

---

(1) LEMIEUX, op. cit. p. 363.
(2) GARNEAU, op. cit. II, p. 402.

jamais été adressé à nos institutions juridiques que cette comparaison suggérée par le magistrat anglais ?

Pour couronner tous ces travaux, le gouverneur Carleton fut chargé d'une enquête sur l'administration de la justice dans la Province. Ses conclusions furent identiques ; l'ordre ne serait pas assuré d'une façon stable, tant que les anciennes lois ne seraient pas purement et simplement confirmées (¹).

*
* *

La résolution une fois prise de rétablir officiellement la législation française dans la Province, les autorités britanniques tombèrent dans un grand embarras. Les difficultés étaient considérables. Il fallait d'abord connaître ce qu'on voulait rendre légal. Les institutions qui allaient être restaurées n'avaient jamais été entièrement codifiées ou présentées en un ensemble systématique. La Coutume de Paris formait, il est vrai, un corps de règles faciles à suivre ; mais certaines de ses prescriptions (nous les retrouverons plus loin) ne s'appliquaient pas à la Nouvelle-France et ne pouvaient être considérées, au point de vue britannique, comme anciennes lois de la Province. Tant que l'on état resté sous le régime français, cela n'avait guère d'importance ; mais à présent les Anglais ne pouvaient dire d'une façon générale et absolue : « La Coutume de Paris est la loi de la Province de Québec ».

De plus, les édits et ordonnances promulgués au cours d'un siècle dans la colonie étaient souvent demeurés manuscrits ; devenus très difficiles à déchiffrer, ils étaient conservés sans ordre, sans index, au reste souvent incomplets. Comment serait-il possible aux magistrats anglais de trouver eux-mêmes les lois et les usages français applicables aux matières dont ils auraient à connaître ?

Pour déblayer le terrain, le gouverneur Carleton nomma une Commission de trois Canadiens, le jurisconsulte Cugnet, le notaire Déchenaux et l'abbé Pressart, prêtre du séminaire de Québec (²),

---

(1) Canadian Archives, S. QV, p. 316.
(2) *Select Commitee of Canadian Gentlemen well skilled in the laws of France and of that Province.*

avec instructions de composer un résumé de la législation en
vigueur dans la Province sous la domination française avant 1763.
Cette Commission se mit rapidement au travail et l'acheva en 1773.

Son œuvre est connue sous le nom d' « Extraits des Messieurs » (¹).
Les « Extraits » comprenaient deux parties. La première contenait
tous les textes, édits, ordonnances, etc... émanés du gouvernement
royal ou des autorités locales ; la seconde renfermait les articles
de la Coutume de Paris effectivement en vigueur au Canada à
l'époque de la conquête anglaise (²).

Lorsque la législation française eut été définitivement rétablie,
les « Extraits des Messieurs » rendirent les plus grands services.
Dans une certaine mesure d'ailleurs les commissaires avaient fait
œuvre critique : uniquement chargés de constituer un « digeste »,
ils accompagnèrent les textes recueillis d'explications personnelles
et donnèrent l'interprétation des règles qui leur parurent difficiles
ou obscures, d'après les principaux commentateurs d'alors et principalement de Ferrière. L'avertissement disait modestement :
« ... Ce n'est qu'un relevé des articles de la Coutume de Paris ;
mais comme il était nécessaire, pour donner l'explication de ces
articles, d'y joindre des explications, on les a prises pour la plupart
dans le Commentaire abrégé de M. de Ferrière sur la Coutume de
Paris, qui est l'auteur le plus récent et le plus généralement suivi ».

*
* *

L'année suivante enfin vit la consécration définitive de la législation française. Au printemps de 1774, un bill fut proposé au
Parlement britannique pour modifier le gouvernement de la Province de Québec ; il fut adopté par 56 voix contre 20, le 13 juin
1774 : ce bill reçut le nom d' « Acte de Québec ».

Il commençait par révoquer et annuler pour illégalité toutes les
ordonnances du gouverneur Murray. Il décidait ensuite : « Dans

---

(1) *Abstract of the several Royal Edicts and Declarations and Provincial
Regulations and Ordonnances that were in force in the Province.*

(2) *Abstract of those parts of the Custom of the Viscounty and Provotship
of Paris which were received and practised in the Province.* — Londres,
1772-1773.

toutes les affaires en litige qui concernent leurs propriétés et leurs droits de citoyens, les sujets canadiens de Sa Majesté auront recours aux lois du Canada, comme aux maximes sur lesquelles elles doivent être décidées ; et tous procès seront jugés par lesdites lois et coutumes du Canada... à condition toutefois que rien de ce qui est contenu dans cet Acte ne s'étende à aucune des terres qui ont été concédées par S. M. ou qui le seront ci-après par Sadite Majesté, en franc et commun soccage (¹) ». L'Acte réservait également à tous les habitants du Canada la liberté de tester suivant les lois anglaises ; il contenait une disposition toute naturelle sur la possibilité de réformer à l'avenir, lorsque le besoin s'en ferait sentir, les lois civiles de la Province. Enfin il introduisait dans la colonie les lois criminelles anglaises.

Cette concession au peuple franco-canadien, qui s'accompagnait de l'octroi de libertés politiques importantes, fut accueillie avec enthousiasme dans toute la Province. Cependant de violentes protestations s'élevèrent en Angleterre lors de la discussion du bill. Lord Chatam, le défenseur de l'émancipation américaine, s'écria à la Chambre des lords : « Cette loi est cruelle, offensive, odieuse ! » En même temps la Ville de Londres, excitée par quelques marchands, délégua son lord-maire, ses aldermen et ses conseillers auprès du roi, pour le prier de refuser sa sanction à l'Acte de Québec. Cette loi, disaient-ils, renversait les principes fondamentaux de la constitution britannique ; les lois françaises ne donnaient aucune sécurité ni pour les personnes, ni pour les biens ; on violait la promesse solennellement accordée par la proclamation de 1763, d'établir les lois anglaises au Canada ; la religion catholique (dont l'Acte assurait le libre exercice) était une religion idolâtre et sanguinaire, etc... (²).

George III, soutenu par le libéral Fox, passa outre et sanctionna la loi en dépit de ces clameurs, en faisant observer qu'elle était « fondée sur les principes de justice et d'humanité les plus manifestes, et qu'il ne doutait pas qu'elle n'eut le meilleur effet pour

______

(1) Sur les concessions *en franc et commun soccage,* voir page 47.
(2) LEMIEUX, op. cit. p. 382 et suiv.

calmer l'inquiétude et pour accroître le bonheur de ses sujets canadiens » (¹).

Au Canada, la minorité anglaise de la population, mise au courant des débats de la Chambre des Communes et de la Chambre des lords, instruite de l'excitation de l'opinion publique à Londres, reçut fort mal la nouvelle de la sanction royale. Le rétablissement des lois françaises et la liberté assurée au culte catholique réveillèrent le fanatisme du parti anglais en même temps que redevint très aiguë la jalousie des commerçants britanniques. Aussi, dès le 12 novembre 1774, à la suite d'une agitation considérable, dans laquelle on essaya d'entraîner quelques Canadiens, les habitants de race anglaise de la Province adressèrent-ils au roi une requête en vue d'obtenir le « rappel » de l'Acte, ou tout au moins des changements radicaux dans ses dispositions.

Les pétitionnaires se plaignaient d'abord du rétablissement des lois françaises en matière civile ; de plus, le procès devant le jury disparaissait ; la garantie fondamentale du sujet, l' « habeas corpus », n'existait pas en droit français. Tout cela constituait, d'après eux, un état de choses intolérable. Ils se disaient tous grandement intéressés au développement et aux progrès de la colonie, suivant les lois et les institutions anglaises. Sur la foi de la proclamation de 1763, qui établissait la législation britannique dans la Province de Québec, ils s'étaient fixés au Canada avec leurs familles ; ils avaient engagé des capitaux dans toutes les branches du commerce et de l'industrie, et avaient acquis des propriétés immobilières. A l'avenir, leurs personnes et leurs biens seraient régis par des lois qu'ils ne connaissaient pas. C'était là un grand mal auquel Sa Majesté voudrait bien remédier.

Comme celle des marchands de Londres, cette requête fut rejetée (²).

*
* *

Le gouvernement britannique d'ailleurs et le peuple anglais ne devaient pas tarder à trouver la récompense du geste libéral qu'a-

---

(1) GARNEAU, op. cit. II, pp. 428-429.
(2) LEMIEUX, op. cit. p. 390.

vait été l'Acte de Québec. Moins de dix années plus tard, vint la révolte des colonies anglaises du sud, les actuels Etats-Unis. Les Franco-Canadiens restèrent fidèles à l'empire britannique et ne cherchèrent pas à profiter de l'insurrection voisine. Notons en passant — cela est curieux à remarquer — que les Etats Confédérés avaient considéré la concession de l'Acte de Québec comme une trahison envers les constitutions anglo-saxonnes, et l'un des articles de la Déclaration d'indépendance blâmait le gouvernement britannique d'avoir dans la province voisine aboli la loi anglaise au profit de la vieille législation française.

Charte des droits et des libertés des Canadiens français, l'Acte de Québec les attacha pour toujours à la Couronne anglaise, et leur loyalisme constitutionnel n'eut désormais d'égal que leur fidélité aux mœurs et aux institutions de la mère patrie.

*
* *

De la baie d'Hudson aux eaux du Niagara, de la baie des Chaleurs aux rives du Mississipi, c'était en 1774 sur tout un royaume que régnait le droit français. Il allait bientôt voir restreindre son domaine. La loi constitutionnelle de 1791 divisa la colonie en deux provinces : le Haut-Canada (aujourd'hui Ontario), le Bas-Canada ou Province de Québec. La loi décrétait, il est vrai, que la législation existante resterait en vigueur tout comme si la colonie n'avait pas été divisée. Mais en même temps, elle réservait au Parlement de chacune des provinces la faculté d'en décider à l'avenir autrement. Le Haut-Canada, où se trouvait réunie la presque totalité de la population anglaise, ne tarda pas à se prévaloir de cette autorisation. La première loi du Parlement du Haut-Canada eut pour objet d'y introduire la législation anglaise.

Il en devait être de même des autres parties du Canada, à mesure que, se peuplant, elles s'érigeaient en provinces distinctes. La loi impériale de 1867 qui créa la Puissance du Canada, assura aux petits Etats confédérés l'usage de leurs lois ; aucun d'eux n'a songé et ne songera à échanger sa législation anglaise contre le droit français. Celui-ci reste donc confiné dans la Province de Québec ;

son territoire, nous l'avons vu (¹), est d'ailleurs assez vaste pour qu'il s'y développe à l'aise.

A cette date de 1774, qui marque le triomphe définitif de la législation française, le droit civil canadien est demeuré le même qu'en 1763, au moment du traité de Versailles.

La Coutume de Paris en constitue la base. Mais comme la législation en vigueur à l'époque de la cession a été réunie dans les « Extraits des Messieurs » qui constituent dès lors une sorte de code, il importe de préciser en quelques lignes qu'elle était la partie de la Coutume de Paris écartée par les « Extraits ». Nous pourrons ensuite poursuivre l'histoire du droit canadien, obligé désormais de se développer de lui-même, rameau détaché qui ne recevra plus la sève de l'arbre dont il est né.

Les « Extraits » supprimèrent comme inutiles et non usités 29 articles sur les 362 de la Coutume. Ces coupures se rapportent aux matières les plus diverses ; seul, le titre XIII (art. 265-271) est supprimé en entier : c'est le titre de la garde noble et bourgeoise, institution qui n'a jamais été pratiquée au Canada.

Les autres suppressions visent quelques dispositions éparses et désuètes sur le droit de relief, la garde noble, le paiement du cens, les criées (347, 350, 351, 352, 353) ; ainsi que, çà et là, des prescriptions ou des privilèges concernant exclusivement les habitants de Paris.

Le reste de la Coutume de Paris avait force de loi dans la Province de Québec.

---

(1) Voir p. 7.

CHAPITRE III

LA DOMINATION ANGLAISE

(suite)

DE L'ACTE DE QUÉBEC A NOS JOURS

Premières modifications au droit civil de la Province ; dernières protestations du parti anglais. — Atténuation du régime féodal ; rachat des tenures (1862). — Influence de la doctrine et de la jurisprudence françaises, après le Code Napoléon. — Insuffisance de la Coutume de Paris au milieu du XIXe siècle. — Rédaction et promulgation du Code Civil de la Province de Québec (1866). — Caractéristiques du nouveau Code.

Le droit de la Province de Québec ne pouvait indéfiniment rester figé dans la pureté et la simplicité de la Coutume de Paris ou dans la lettre des ordonnances des rois de France, à présent qu'il n'appartenait plus à ceux-ci de les modifier et de les compléter. Nous l'avons d'ailleurs vu (¹), l'Acte de Québec réservait au Conseil de la Province le pouvoir d'apporter des changements à la législation en vigueur, toutes les fois que l'utilité en apparaîtrait.

Il n'usa cependant de ce droit qu'avec une grande circonspection et, jusqu'à la promulgation du Code Civil en 1866, les ordonnances qui modifièrent le droit civil proprement dit furent très rares.

---

(1) Voir p. 39.

Le Conseil législatif se préoccupa d'abord d'organiser l'administration de la justice. Deux Cours de Plaids communs furent établies, l'une à Québec, l'autre à Montréal. Toutes les décisions de ces tribunaux de première instance pouvaient être déférées à une Cour supérieure de justice, composée du gouverneur et de cinq membres du Conseil. Dans les affaires les plus importantes, en fournissant un cautionnement, les parties pouvaient faire appel de la Cour supérieure au roi en son Conseil.

Au point de vue législatif, l'ordonnance de 1775 introduisit le système de preuve anglais en matière commerciale. Le Droit sur la preuve commerciale tirait son origine de la vieille loi des Marchands (¹), qui avait un caractère plus international que local, et ne différait pas essentiellement de l'ordonnance française de la Marine de 1681 (²), une des grandes ordonnances appliquées dans la colonie, bien qu'elle n'y ait jamais été enregistrée.

L'ordonnance du 29 avril 1784 assura la liberté individuelle dans la Province par l'introduction de l' « habeas corpus » tel qu'établi par les lois d'Angleterre, réforme depuis longtemps réclamée par la population britannique établie au Canada.

Pendant ce temps se produisaient les dernières résistances du parti anglais. Elles se révélèrent lorsqu'en 1786 Carleton, devenu lord Douchester, fut de nouveau nommé gouverneur général de la Province. Son premier soin fut de former diverses commissions, chargées de s'enquérir de la façon dont la justice était administrée. L'enquête démontra que les juges anglais suivaient la loi anglaise, les juges canadiens la loi française, tandis que d'autres jugeaient tranquillement suivant l'équité.

---

(1) *Law Merchant*, traduction canadienne. C'est la vieille *Consuetudo Mercatorum*.

(2) L'origine et le caractère internationaux du droit maritime apparaissent très nettement dans *Le Livre du Consulat*, de Guillaume GIRAUD, Marseille 1577.

La précision avec laquelle y sont réglementés, dans leurs moindres détails, les contrats, les risques et les assurances maritimes est d'ailleurs du plus grand intérêt.

Les juges anglais, reprenant une vieille querelle (¹), soutenaient que le droit britannique avait été introduit au Canada par divers statuts, notamment par l'ordonnance de 1763, et que l'Acte de Québec ne suffisait pas pour les révoquer. D'après eux, le droit anglais devait être suivi dans les procès entre Anglais, comme les lois françaises dans les procès entre Canadiens ; et lorsqu'il s'élevait une contestation entre un Anglais et un Canadien, l'ancienne loi du pays ne pouvait être invoquée que si la question avait rapport à un immeuble. Ils prétendaient encore que les instructions royales données aux gouverneurs au début de l'occupation, et qui recommandaient l'introduction des lois anglaises, devaient être toujours suivies.

En outre, chose plus grave, des juges « ignorants et fanatiques » (²) s'appliquaient à rendre aussi vicieuse que possible l'application de la législation nationale, à l'aide d'irrégularités grossières, et surtout par leur persistance à vouloir juger suivant la jurisprudence anglaise. C'est vers cette époque que parut à Londres un livre intitulé « Appel à la justice de l'Etat », par Pierre du Calvet, ancien magistrat : il contenait les doléances des Canadiens que l'enquête du gouverneur Carleton mettait officieusement en lumière.

Le gouverneur et le parlement britanniques s'émurent ; l'Acte constitutionnel de 1791 vint confirmer l'acte de Québec et consacra à nouveau le maintien de la législation civile française dans la Province de Québec. Il est vrai que, d'une manière détournée, la majorité de la population anglaise recevait également satisfaction, puisqu'elle avait désormais la faculté de rétablir les institutions juridiques britanniques (³).

★
★ ★

Nous avons dit que le Conseil de la Province ne toucha guère au droit civil. En effet, jusqu'au Code, deux ordonnances seulement modifièrent les règles de la Coutume de Paris : l'ordonnance de 1782 et l'ordonnance de 1856. A plus de soixante-dix ans d'intervalle, elles tendirent toutes les deux à la réalisation du même but : faire dispa-

---

(1) Voir p. 33.
(2) LEMIEUX, op. cit. p. 399.
(3) Voir p. 41.

raître les institutions féodales et moyenâgeuses introduites au Canada par les premiers émigrants français et consacrées par l'établissement de la Coutume de Paris : c'est d'après ces institutions que s'était organisée la propriété dans la Nouvelle-France.

L'ordonnance du 16 février 1782 fixe à nouveau la majorité à 21 ans (1) et règle certaines dispositions concernant les testaments, en conformité avec l'Acte de Québec qui avait introduit la possibilité du testament anglais (2) : plus d'interdiction de bâtardise, défense de tester en main-morte. L'ordonnance abolissait en même temps le retrait lignager, les incapacités attachées à l'aubain et abrogeait la loi « oede » qui permettait au bailleur ou à l'acheteur de l'immeuble de mettre le locataire dehors pour occuper lui-même l'immeuble.

Du coup, voilà le titre VII de la Coutume de Paris (art. 129 à 159) abrogé désormais dans la Province.

Mais il fallut attendre jusqu'en 1856 pour atteindre les assises mêmes du régime féodal.

Sous l'Ancien Régime, la Nouvelle-France avait été divisée en fiefs et en seigneuries que le roi de France donnait gratuitement à des officiers de la milice canadienne ou à d'autres personnes qu'il voulait récompenser. Ces seigneurs, à leur tour, concédaient à des censitaires appelés « habitants » des terres de leurs domaines ; la contenance de ces concessions ne s'abaissait jamais au-dessous de 30 arpents et s'élevait généralement jusqu'à 90, c'est-à-dire environ 30 hectares (3).

La cession du Canada à l'Angleterre n'apporta aucun changement au caractère de la tenure. D'après l'article 37 de la capitulation de Montréal, les seigneurs et censitaires sont conservés « dans l'entière et paisible propriété et possession de leurs biens seigneuriaux et roturiers » ; et plus tard, l'Acte de Québec ajouta que les sujets canadiens « peuvent tenir leurs propriétés et possessions et en jouir, ensemble de tous les usages et coutumes qui les concernent ».

Mais si les Anglais respectèrent les dispositions du système féodal pour les terres déjà concédées au moment de la cession, ils ne l'éten-

---

(1) Voir pages 32-33.
(2) *Ordinances made and passed by the Governor of Legislative Council of the Province of Quebec* (Québec, 1786), p. 2.
(3) MUNRO, *The Seignorial System in Canada.* — New-York, 1907.

dirent pas par la suite ; et c'est ainsi qu'après la guerre de l'Indépendance, le gouvernement britannique récompensa les loyalistes américains en leur donnant des terres, non plus en concession, mais en libre propriété, « free and common soccage » (¹).

Tout naturellement alors, il advint que les censitaires commencèrent à s'agiter peu à peu pour obtenir du gouvernement l'abolition des droits seigneuriaux. L'ancienne tenure avait fait son temps et on ne la considérait plus que comme un obstacle très gênant aux progrès de l'agriculture et de l'industrie.

En vertu de leurs privilèges féodaux, les seigneurs s'emparaient sans indemnité dans les concessions de la pierre et des bois de construction ; ils percevaient une dîme sur les poissons pris dans les pêcheries établies sur les grèves et les rivages de leurs seigneuries, et prétendaient même se servir seuls, à l'exclusion des censitaires, des cours d'eau pour faire mouvoir moulins, usines et manufactures. « Par les exigences des seigneurs, écrit un historien du Canada, la tenure était devenue finalement oppressive, un véritable obstacle au développement des ressources agricoles et à l'établissement des terres incultes. Le droit exclusif de l'usage des cours d'eau par les seigneurs empêchait et retardait l'établissement des manufactures et des industries diverses ; il contribua, plus que tout le reste, à retenir le Canada dans un état un peu arriéré » (²).

Les lods et ventes constituaient aussi une taxe sur l'industrie et l'activité des habitants. Si ceux-ci apportaient des améliorations à leurs terres ou construisaient des propriétés ou des usines, en les vendant, ils avaient à perdre le douzième du montant de ces améliorations ou de ces agrandissements ; dans les villes surtout, où les

---

(1) L'expression de *libre propriété* pour traduire *free and common soccage* est évidemment impropre, et je ne l'emploie que faute d'un terme plus précis.

Il me suffit de rappeler — ce que tout le monde sait — que la *libre propriété* n'existe pas en Angleterre comme en France, le roi d'Angleterre étant suzerain de toutes les terres du royaume et le *soccage* étant ainsi une tenure. La réforme de 1856 n'eut pas pour effet au Canada de modifier le régime foncier britannique. Elle supprima simplement les suzerains intermédiaires, la suzeraineté du Roi continuant à dominer la propriété canadienne. Le tenure seigneuriale disparut, la tenure royale demeura.

(2) TUROTTE, *Le Canada sous l'Union*, p. 233.

changements de propriété étaient fréquents, les lods et ventes constituaient une charge des plus onéreuses.

Les Anglais touchèrent très tard au régime féodal, et cela se comprend, le droit anglais étant un droit féodal. Ce ne fut qu'en 1842 que le gouverneur nomma une commission chargée d'étudier les moyens les plus efficaces à prendre pour amener la disparition des droits seigneuriaux. Sur les rapports de cette commission, le Parlement canadien adoptait en 1850 les résolutions suivantes : « La tenure seigneuriale dans le Bas-Canada est un sujet d'ordre public dont il est du devoir de la législation provinciale de s'occuper, plus particulièrement depuis que cette question a attiré l'attention publique à un haut degré ; il importe, en conséquence, d'effectuer à une époque aussi rapprochée que possible la conversion de cette tenure en une tenure libre, en pratiquant et réglant équitablement tous les intérêts concernés. Ladite commutation de tenure ne peut avoir lieu qu'au moyen d'une indemnité suffisante en faveur de ceux dont les justes droits seront lésés en l'effectuant ».

Ces résolutions n'aboutirent qu'à partir de 1856 ; graduellement et sans arrêt, l'œuvre législative se poursuivit alors jusqu'en 1862. Ce furent successivement l'abolition des lods et droits de mutation qui se montaient, nous l'avons vu, à 12 % à chaque mutation, suivant la Coutume de Paris (¹) ; de la banalité ; du droit de retrait, qui s'exerçait pendant 40 jours ; du droit de prendre le bois et les pierres de construction ; du droit de pêche, de dîme sur le poisson ; et le problème de la houille blanche avait depuis longtemps été résolu par les seigneurs canadiens — du droit d'usage exclusif des cours d'eau pour l'industrie.

La réforme se fit de la façon la plus équitable. Les privilèges existants furent divisés en trois classes. Les uns, tels que l'utilisation industrielle des cours d'eaux, furent abolis sans indemnité : c'étaient des abus dont souffraient sans raison les habitants. D'autres, les lods et vente et la banalité, par exemple, furent évalués en argent d'après le rendement moyen annuel et l'on proposa aux seigneurs la combinaison suivante : Votre privilège équivaut à un capital de tant ; consentez à en recevoir du gouvernement la rente à 6 % ou,

---

(1) Cout. art. 33 : *Le quint denier.*

si vous préférez, vous toucherez en une seule fois le capital diminué d'un quart ». Ce rachat coûta au Trésor 10.000.000 de piastres (¹).

Les habitants n'eurent plus alors d'autres obligations vis-à-vis de leurs seigneurs que les cens et les rentes, de tout temps regardés comme légitimes ; il ne faut pas en effet oublier que, d'après les règles féodales, les censitaires avaient à l'origine reçu la terre gratuitement. Sous le régime féodal d'ailleurs, cette rente très minime ne représentait pas un fermage réel ; elle constituait plutôt la reconnaissance par le créancier du droit de propriété éminent du seigneur ; les gros profits que ce dernier tirait de la seigneurie consistaient surtout dans tous les autres privilèges de nature si diverses qui grevaient la terre.

On établit un cadastre, constatant le chiffre que représentait chaque rente capitalisée. En échange de cette rente, comme aussi de toutes les entraves et de toutes les charges dont on le débarrassait, les censitaires durent payer au seigneur une rente de 6 % du capital ainsi établi, ou se libérer par le versement intégral de ce capital. En général les censitaires préférèrent payer la rente (²).

Ainsi le gouvernement, les seigneurs et les tenanciers, tout le monde contribua à la suppression du régime seigneurial, mais il convient de remarquer que si l'on demanda des sacrifices à tous, la part la plus minime fut celle des censitaires qui bénéficièrent de la réforme.

Du chef du nouvel état de choses, le titre 1ᵉʳ de la Coutume de Paris — « des Fiefs » — et le titre 2 — « des Censives et droits seigneuriaux » — soit les articles 1 à 87, cessaient d'être en usage dans la Province de Québec.

⁎⁎

Durant toute cette période qui va depuis l'Acte de Québec jusqu'à la promulgation du Code, plus particulièrement depuis l'Acte constitutionnel de 1791 (³), le droit français s'ancra plus profondément

---

(1) SULTE, op. cit. IV, p. 137.

(2) Id.

(3) On se souvient qu'en créant la Province d'Ontario, l'Acte constitutionnel de 1791 écarta de la Province de Québec la presque totalité de la population d'origine anglaise.

encore dans la Province. Ce fut l'œuvre de la jurisprudence. Les magistrats et les jurisconsultes canadiens, dans l'application de la Coutume, eurent toujours l'œil tourné vers le pays auquel ils la devaient. Cette disposition d'esprit s'était déjà traduite d'une façon frappante dans les « Extraits des Messieurs ». Les juges de la Province suivirent les Messieurs dans cette voie ; constamment ils eurent recours, pour l'interprétation de la loi, à la lumière des commentateurs français, aux décisions des Cours françaises. Nos grands civilistes de l'Ancien Régime, Guy Coquille, Dumoulin, Domat, Pothier, n'ont pas été plus étudiés ni admirés en France qu'ils ne l'ont été et ne le sont encore à Québec : toutes les études de droit canadien en sont une preuve frappante. Et même, sous la plume des écrivains canadiens, nous voyons fréquemment revenir le nom très estimable de commentateurs bien oubliés chez nous, Serpillon, Jousse, Rodier, Bonnier, Poullain-Duparc...

Cette influence de la France juridique, si elle se fit sentir profondément sous l'Ancien Régime, combien plus elle devint puissante après la Révolution et la promulgation du Code Napoléon ! A dater de cette époque, on peut dire que la jurisprudence des tribunaux français fut également la jurisprudence des tribunaux canadiens ; cette situation ne contribua pas peu à amener le désir d'un codification du droit civil, à l'exemple de la France. A ce moment d'ailleurs, le besoin s'en faisait universellement sentir.

En 1857, en effet, sur les 362 articles de la Coutume de Paris, 147 à peu près n'étaient pas observés, dont quatre titres compelts : le titre XII sur la garde noble et bourgeoise, le titre VII sur le retrait lignager ; les titres I et II sur les fiefs et les droits seigneuriaux. On voit à quel point il devenait exagéré de dire que la Coutume de Paris restait la loi du Bas-Canada. Cet abandon d'une partie si considérable de la Coutume fut une première cause de codification.

Elle en entraînait une seconde. Certaines parties de la Coutume supprimées, rien ne les avait remplacées. D'autre part, la Coutume de Paris n'avait pas tout prévu ; à mesure que la population s'accroissait, que les transactions économiques prenaient chaque jour plus d'étendue et plus d'importance, il devenait urgent d'édifier un système complet de lois se suffisant à lui-même et suffisant à tout.

Au point de vue des études, la situation se trouvait également très difficile. Les lois devaient s'apprendre dans les textes ou les com-

mentaires antérieurs au Code Napoléon, publiés en France avant ou
après la conquête anglaise. Il fallait donc étudier pêle-mêle, et
comme au hasard, les textes et les gloses répandues dans des cen-
taines de volumes. « La connaissance des livres où l'on put étudier
la loi, écrit Loranger, était presque par elle-même une étude ». A
part un seul, aucun ouvrage complet n'avait été publié sur le droit
de la colonie ; il n'existait que des publications fragmentaires. De
plus, les livres sur l'ancien droit, non réimprimées en France depuis
le Code Napoléon, menaçaient de ne plus être bientôt à la portée
commune.

⁂

L'établissement d'un Code Civil fut ordonné par décision du Parlement de 1857. Deux systèmes de codification s'offrirent au législateur. Démolir complètement l'ancien édifice des lois civiles canadiennes pour en élever un nouveau inspiré de la situation économique
et politique du pays ; ou, au contraire, le reconstruire sur ses
antiques assises, en se contentant d'en adapter la forme et la distri-
bution aux besoins nouveaux ; en un mot, « créer une législation
nouvelle ou coordonner l'ancienne » (¹). Le Parlement de Québec
adopta le dernier parti.

On institua une Commission de trois membres ; elle se composa
de MM. Caron, Day et Morin ; M. Morin, décédé pendant les travaux, fut remplacé par M. Beaudry.

La mission des commissaires était strictement précisée et déli-
mitée ; elle se bornait à rédiger en textes distincts les dispositions du
droit en vigueur. La Commission indique dans son rapport de quelle
manière elle procéda à ses travaux : « Pour connaître les lois dont
doit se composer le Code, il fallait en faire la recherche aux différentes sources d'où elles orignent, sources si variées et plus nombreuses peut-être que dans aucun autre pays... La recherche une
fois complétée, commence le travail non moins important et plus
difficile peut-être de déterminer celles de ces lois qui, ayant été en
force, ont cessé de l'être par l'effet de la législation, de la désuétude
ou de la jurisprudence. A ces fins, il fallait parcourir les statuts

---

(1) Rapport des Commissaires.

impériaux affectant le Canada et ceux passés par nos différentes législatures ; rechercher les décisions, les usages et la pratique de nos diverses cours, et souvent les décisions, les usages et la pratique des tribunaux en France et en Angleterre ; et, sur le tout, consulter les rapports, écrits et commentaires des auteurs si nombreux et si variés ».

La Commission devait suivre le Code Napoléon pour modèle, en ce qui concernait le plan de l'ouvrage, la division des matières et les détails à fournir sur chaque sujet ; mais tout cela, dans la pensée du législateur, n'était qu'accessoire et ne regardait que la forme. « Quant au fond, écrivaient les Commissaires, il est ordonné que le Code à faire se compose exclusivement de nos propres lois. Ce qui est loi en force doit y être inclus ; ce qui ne l'est pas doit en être exclus ».

Cela, c'était le principe ; il y entrait peut-être un peu de coquetterie. Par la force des choses, il était évident que le Code Napoléon tiendrait dans le Code de Québec une place qui ne serait pas une simple place de disposition et de forme. « Le Code Napoléon, reconnaissaient les codificateurs, est avec raison considéré comme un chef-d'œuvre dans son genre ; aussi l'a-t-on adopté, soit dans son entier, soit avec des modifications plus ou moins considérables, dans tous les pays où, depuis sa confection, l'on s'est occupé de codification ; il était donc tout naturel, à raison de la similitude de nos lois avec celles de la France à l'époque où elles y furent codifiées, qu'on nous donnât son Code pour modèle, et qu'on l'indiquât comme base de celui que l'on voudrait faire... Quoique cette similitude ait été assez notablement altérée par le nouveau Code français, elle était encore assez grande pour qu'il y fût possible, sans trop de risques, de permettre aux Commissaires d'en adapter les dispositions qu'ils auraient approuvées, en retranchant ou en altérant celles dont l'expérience en France ou ailleurs a démontré l'inutilité ou la défectuosité, et en y intercalant celles que nos lois et nos circonstances particulières peuvent requérir ».

Mais si les Commissaires n'eurent pas le pouvoir de modifier d'eux-mêmes la législation existante, ils eurent celui de suggérer et de présenter les amendements qui leur paraîtraient désirables ; ce fut une des parties les plus importantes de leur œuvre, et dans ce domaine ils s'inspirèrent précisément des principes et des dispositions du Code Napoléon.

Ces amendements furent soumis d'abord au Gouvernement canadien, c'est-à-dire aux autorités britanniques qui firent leur choix et présentèrent leurs observations ; enfin, les amendements acceptés par le Gouvernement furent discutés par la législature de la Province.

Les travaux de la Commission furent terminés et le projet général présenté au Parlement de Québec le 21 juin 1866 ; rédigé dans les deux langues française et anglaise, le Code Civil fut promulgué la même année. Il constitue depuis lors la base de la législation civile de la Province de Québec. Il nous reste à l'étudier plus en détail.

⁎⁎

Nous avons indiqué qu'il a conservé, suivant la volonté séculaire des Franco-Canadiens, tout l'ensemble de principes, tout le corps de lois que la France avait légués au Canada. A cet égard il se distingue de notre Code Civil.

Pour nous, le Code Napoléon, qui s'inspira du droit du Midi et des Coutumes du Nord en même temps que des principes révolutionnaires, constitue un droit nouveau : ne disons-nous pas l' « ancien droit », en parlant de la législation royale, et le Code Napoléon ne l'a-t-il pas définitivement et complètement abrogée ? La loi du 1ᵉʳ Germinal an XII décide en effet que « les coutumes générales et locales ont cessé d'avoir force de loi générale ou particulière dans les matières qui sont l'objet du présent Code ». En somme, dans l'évolution juridique française, il existe une saisissante brèche de continuité marquée par la Révolution et l'ère napoléonienne.

Au Bas-Canada, il en fut autrement. Il n'y a ni droit ancien, ni droit nouveau : il y a eu continuité. Quand le Code n'abroge pas telle ou telle disposition du vieux droit, c'est celui-ci qui prévaut (¹) ; et, au contraire du Code Napoléon, le Code de Québec n'a d'autorité comme texte que dans les matières et sur les points où il contient une disposition positive, confirmant ou modifiant l'ancien droit.

---

(1) Art. 2613.

Ainsi, en dehors des cas prévus par le Code, les lois françaises en force au Canada en 1763 demeurent encore en pleine vigueur. C'est à cette législation qu'il faut remonter pour découvrir si le Code en reproduit toutes les dispositions ; à côté du Code se trouve donc encore cette ancienne législation, existant comme texte et ayant une autorité égale à la sienne, quand il n'en reproduit pas ou n'en contredit pas les dispositions ; comme complément de ces dispositions, quand il les renferme ; et comme développement dans tous les cas (1). En voulons-nous un exemple intéressant ? Au Bas-Canada, les baux de plus de neuf ans n'obligent pas le pupille devenu majeur ; le Code n'en a pourtant pas parlé, mais c'est la règle de l'ancien droit.

Il a même gardé par endroits un caractère de coutume très locale. Lisez l'article 591 qui règle l'attribution des foins qui croissent sur les grèves du fleuve Saint-Laurent : on croirait un passage de nos vieux recueils d'usages locaux. Ainsi encore l'article 1264 qui excepte de la forme notariée les contrats de mariage faits dans certaines localités lointaines et mal desservies.

Ne nous étonnons donc pas si nous ne trouvons guère de définitions dans le Code Civil de Québec. C'est que ses auteurs n'ont en rien prétendu faire œuvre nouvelle ; dans les travaux préparatoires, ils se contentent à ce sujet d'indiquer qu'ils se réfèrent à l'ancien droit et à Pothier en particulier.

On peut donc dire que, dans son ensemble, ce Code est un recueil du droit coutumier de l'ancienne France, renouvelé au cours de trois siècles sous l'influence des mœurs canadiennes. C'est aussi l'image modifiée du Code Napoléon avec, çà et là, des traces de la jurisprudence et de la doctrine qui se firent jour en France après 1804.

A ce double titre, son étude sera intéressante.

Depuis 1867, le Code Civil du Bas-Canada a subi quelques modifications et des suppressions, évolution inévitable, que nous signalerons. Chose piquante, les codificateurs avaient redouté pour leur œuvre la multiplicité des changements et — illusion comme à tous

---

(1) LORANGER, Commentaire I, p. 92.

les législateurs — avaient essayé de les prévenir, en formulant à la fin de leur rapport le vœu suivant : « Il est à désirer qu'après que ce Code aura obtenu force de loi, la Législature se garde soigneusement et soit circonspecte à l'égard de toute innovation qu'elle serait appelée à y faire. Le Code a pour objet de répondre en termes exprès ou par implication légale à toutes les questions qui tombent dans la vaste étendue des sujets dont il traite. Il compose un système dont toutes les parties sont rattachées les unes aux autres avec soin, et toute législation partielle, faite dans la vue de quelques changements particuliers, peut affecter sérieusement d'autres parties de l'ouvrage que l'on ne voulait pas toucher et conduire à une confusion considérable et imprévue ».

*
* *

La mission des commissaires ne se bornait pas à la rédaction du Code Civil. Ils devaient en outre l'accompagner d'un Code de Procédure Civile. La Législature avait en effet fort sagement voulu que les deux codes fussent rédigés sur le même plan général.

La procédure du Bas-Canada, de même que les lois civiles dont elle était le complément, avait été empruntée à plusieurs sources différentes. Le fond en était constitué par les anciennes lois françaises, et en particulier par l'Ordonnance de 1667 avec les quelques changements apportés sous le gouvernement français.

Le Code de Procédure fut calqué sur le Code de Procédure français. Il ne donna pas d'ailleurs la satisfaction qu'on aurait pu attendre. On essaya de le modifier petit à petit, si bien qu'en 1894 la Législature y avait introduit plus de 400 amendements (1). Les lois sur la procédure devinrent si confuses que le Parlement dut à cette époque nommer une nouvelle commission pour réviser le Code et établir une procédure dont les caractères distinctifs seraient « la simplicité et la célérité ». Le nouveau Code de Procédure entra en vigueur le 1er septembre 1897.

Notons en passant que la législation bas-canadienne actuelle est

---

(1) LEMIEUX, op. cit. p. 470.

complétée par le Code Criminel, paru en 1892. Nous avons vu que les lois criminelles anglaises avaient été introduites au Bas-Canada par la proclamation royale de 1763, qui fut sur ce point confirmée par l'Acte de Québec.

Le Code Criminel énonce en substance les lois criminelles alors suivies. Il est à remarquer que, depuis 60 ans, on a vainement cherché, en Angleterre, à codifier la loi pénale.

DEUXIÈME PARTIE

Le Code civil de la Province de Québec

CHAPITRE PREMIER

APERÇU GÉNÉRAL

---

*Plan et divisions du Code Civil du Bas-Canada. — Comparaison de
sa rédaction avec celle du Code Napoléon. — Matières de notre
étude. — L'emphytéose.*

Le Code Civil de la Province de Québec se divise, outre un titre
préliminaire, en quatre livres ; il comprend 2.615 articles.

Le titre préliminaire traite « de la promulgation, de la distribu-
tion, de l'effet, de l'application, de l'interprétation et de l'exécution
des lois en général ». Il correspond, dans la législation canadienne,
au titre préliminaire du Code Napoléon (1).

Le livre Ier est intitulé : « Des Personnes ». La disposition en est
calquée sur celle du Code Napoléon. Nous y retrouvons en effet les
onze titres de notre code français. Ils se succèdent dans un ordre
identique, sauf que le titre VI a pour rubrique « De la séparation de
corps » (2). Une seule différence : le titre de l'adoption n'existe pas,

---

(1) En vue d'éviter les confusions possibles, nous désignerons toujours
notre Code Civil français sous le nom de Code Napoléon.

(2) Code Napoléon, Livre I, titre VI : *Du divorce*. Nous verrons que la
législation canadienne n'admet pas le divorce.

et le titre XI et dernier qui le remplace est consacré aux « Corporations », institution d'une nature particulière empruntée au droit anglais.

Le livre II énonce les règles concernant « Les biens, la propriété et ses différentes modifications ». Les différents titres et les chapitres du Code Napoléon. Il s'y ajoute un titre V : « De l'emphytéose ».

Le livre III est consacré à « l'acquisition et à l'exercice des droits de propriété » (¹), rubrique plus précise et plus complète que celle du Code Napoléon. Il comprend dix-neuf titres qui suivent encore, à peu de chose près, les titres du Code Napoléon.

Les codificateurs ont donc, on le voit, emprunté comme plan de leur travail, le moule, l'armature du Code Napoléon, sans, pour ainsi dire, s'en départir un seul instant. Le soin avec lequel ils ont marché sur les traces de leurs devanciers français paraît plus saisissant encore lorsqu'on arrive au dernier article du troisième livre qui porte le numéro 2.277, et que l'on songe aux 2.281 articles du Code Napoléon.

A la suite des trois premiers livres, le livre IV traite « Des lois commerciales ». Il constitue, en réalité, un Code de Commerce très complet. C'est, d'ailleurs, dans cette partie de la législation que s'est surtout fait sentir l'influence du droit britannique.

Enfin, les trois derniers articles du Code, intitulés « Dispositions finales », règlent le sort des anciennes lois en vigueur avant la promulgation du Code (²) et prévoient le cas d'un conflit entre le texte anglais et le texte français. Le Code décide, à ce sujet, que si le conflit porte sur les lois existantes au moment de la promulgation, le texte le plus compatible avec les dispositions des lois existantes

---

(1) Les articles du Code Napoléon relatifs au droit de propriété ont passé textuellement dans le Code du Bas-Canada.

Le Code a ainsi complètement abrogé le régime féodal du Bas-Canada et complété ainsi la réforme de 1856. Le régime de la propriété est donc actuellement différent au Bas-Canada de ce qu'il est en Angleterre, où, ainsi que nous l'avons vu, la propriété n'existe que sous forme de tenure royale. (Voir p. 47.

(2) Voir page 53.

Signalons à ce propos que les articles, paragraphes ou passages qui apportent une modification au droit ancien sont, dans le texte du Code, encadrés entre guillemets.

doit prévaloir. Si la différence se trouve dans un article modifiant les lois existantes, le texte le plus compatible avec l'intention de l'article, d'après les règles d'interprétation, doit prévaloir (1).

En annexe du Code, sont ajoutées deux lois récemment votées : la loi abolissant la mort civile (9 mars 1906) et la loi sur les accidents du travail, promulguée en 1909 et modifiée en 1913 (2).

Nous entreprendrons seulement l'examen des parties les plus intéressantes du Code de Québec, de celles notamment qui découlent directement de la coutume de Paris.

Nous n'avons pas en effet la prétention d'étudier tout le Code Civil du Bas-Canada. Au surplus, cela serait complètement inutile et ne rentrerait pas dans le cadre que nous nous sommes tracé. Nous écarterons d'abord le livre IV « des lois commerciales » qui n'est pas du droit civil, au sens où nous l'entendons en France. Puis, toutes les parties du Code qui ne sont, ou à peu près, que la reproduction du Code Napoléon : beaucoup de matières du livre I, tout le livre II et, dans le livre III, les obligations et les contrats, les privilèges et les hypothèques, la prescription.

D'autre part, il est certaines institutions de notre droit que le Code de Québec ne connaît pas. C'est d'abord l'adoption (3), puis le divorce, la réserve héréditaire, le régime dotal. Peu de matières peut-être, mais qui présentent chez nous une importance considérable.

En revanche, jouent un grand rôle au Canada et sont ignorées en

---

(1) Art. 2615.

(2) La loi sur les accidents du trvail est conçue et rédigée sur le modèle de notre loi du 9 avril 1898 dont elle s'inspire très nettement.

Elle est cependant bien moins favorable à l'ouvrier. En cas d'incapacité absolue et permanente, la rente n'est que de 50 % du salaire ; en cas d'incapacité temporaire, le demi-salaire n'est dû qu'à partir du huitième jour ; en cas de mort, il n'est alloué qu'une somme égale à quatre fois le salaire du défunt, cette indemnité est *répartie* entre tous les ayants droit (conjoint, enfants, ascendants).

De plus, la loi prévoit le cas du nouvel accident : l'indemnité est alors calculée après déduction de l'incapacité de travail précédemment éprouvée.

(3) L'adoption, usitée autrefois dans l'Empire Romain, n'existait pas dans notre ancien droit, tout au moins dans les Provinces Coutumières. Elle ne fut introduite dans le droit français que par l'Assemblée législative en 1792. C'est ce qui explique que n'ayant jamais été en usage dans la Nouvelle-France, les Codificateurs n'aient pas jugé utile de lui faire une place dans le nouveau Code.

France, outre les corporations ([1]), les institutions suivantes : le douaire, les substitutions et l'interdiction d'aliéner. Nous les étudierons d'une façon plus spéciale en même temps que nous jetterons un coup d'œil sur les conventions matrimoniales, les sucessions, les testaments et les donations.

Auparavant, disons un mot de l'emphytéose qu'il nous est impossible de passer sous silence. L'importance de ce contrat se comprend dans ce pays neuf comme l'Amérique du Nord, aux vastes étendues incultes, aux larges espaces non défrichés ([2]).

Alors que l'emphytéose n'a été réglée chez nous que par la loi du 25 juin 1902, elle a été, nous l'avons vu, réglementée par le Code de Québec. Elle se différencie assez, au Bas-Canada, de l'emphytéose française.

Les codificateurs n'ont eu qu'à donner expression à la doctrine du droit ancien. Ils y ont seulement apporté une double modification.

Tout d'abord, la durée ne peut plus être perpétuelle, ni excéder plus de 99 ans ; elle ne peut, d'autre part, être inférieure à 9 ans, mais elle se transmet héréditairement. Dans l'ancien droit, l'emphytéose devait toujours être perpétuelle ([3]).

En outre, l'obligation d'améliorer est devenue constitutive du contrat ([4]), elle ne l'était pas sous l'ancien régime.

A moins de convention contraire, le Code laisse à l'emphytéote

---

(1) Les corporations sont des créations du droit public et se gouvernent suivant les principes du droit administratif ; la plupart des règles énoncées au Code font partie du droit public ou administratif plutôt que du droit civil. Ce sont, en somme des personnes morales légalement constituées. Le Code civil s'en occupe pour définir leurs droits et leurs obligations.

Elles sont créées par acte du Parlement, par Charte royale ou par prescription, pour celles qui existaient au temps de la cession du Canada à l'Angleterre ; les principales sont les Municipalités, les Congrégations, les Évêchés, les Banques, les Clubs, les Compagnies d'assurances ; le Souverain lui-même est une corporation.

(2) L'emphytéose joue également un grand rôle dans d'autres pays de grandes propriétés, par exemple en Italie.

(3) Au moins pour produire les effets essentiels de ce contrat, c'est-à-dire la décomposition en domaine éminent et en domaine utile (Voir COLIN et CAPITANT, Cours élémentaire de droit civil, 3e édition, Tome I, page 845).

(4) C'est aussi le caractère de l'emphytéose en Italie.

la faculté de déguerpissement. C'est le contraire en France où l'on a, sur ce point, abandonné la règle ancienne (¹).

Chez nous, l'emphytéose ne confère plus au preneur qu'un droit de jouissance sur la chose d'autrui (²) ; le Code de Québec stipule, au contraire, que l'emphytéose emporte aliénation (art. 569) ; au cours de sa durée, le preneur jouit de tous les droits attachés à la qualité de propriétaire. Là encore, le Code a suivi l'ancien droit (³) qui, d'ailleurs, avait prévalu en France dans la doctrine et la jurisprudence, jusqu'à la loi de 1902 (⁴).

---

(1) DOMAT. *Lois civiles*, Livre I, Titre 4, Section X, Par. VII : *si trouve la rente trop dure, peut déguerpir.*

(2) PLANIOL, Traité élémentaire de Droit Civil, Tome I, n° 2.994. Voir cependant COLIN et CAPITANT, I, p. 847.

(3) DOMAT. Id. par. V. : *L'emphytéose acquiert le droit de transmettre l'héritage à ses successeurs à perpétuité, de le vendre, de le donner, qui sont autant de droits de propriété.*

(4) Troplong Louage N° 31.

Cass. S. 40 — 1 — 433.

CHAPITRE II

LE MARIAGE

Conditions et formalités du mariage. — Effets du mariage. — Dissolution du mariage. — La séparation de corps.

Le Code de Québec a conservé dans ses principes organiques la législation ancienne du mariage. Ce qui frappe donc tout d'abord c'est que le mariage n'est pas, au Canada, un contrat purement civil, son caractère religieux est très nettement respecté, non seulement par le fait de son indissolubilité, mais encore parce que l'Eglise — ou plutôt les Eglises — ont juridiction sur le lien conjugal et sur les empêchements qui s'opposent à sa validité.

Conditions. — Sur la fixation de la puberté, le Code n'a rien changé à la tradition romaine maintenue pendant toute la durée de la France monarchique. L'âge légal du mariage reste 14 ans pour l'homme et 12 ans pour la femme. On comprend facilement que, dans ces conditions, l'article 145 du Code Napoléon soit ignoré dans le Code de Québec, et qu'aucune dispense d'âge ne puisse être accordé.

La majorité matrimoniale est fixée à 21 ans, pour l'homme comme pour la femme. A cet âge, il n'est plus besoin à l'enfant de demander le consentement de ses père et mère, et les sommations respectueuses,

5

ou autres formalités de ce genre, sont ignorées (¹). Lorsque le mineur n'a ni père ni mère, ce n'est pas le consentement des ascendants qui est requis, c'est le consentement du tuteur qui remplace celui des parents, mais la décision de celui-ci peut être révisée par le Tribunal. Cette préférence du tuteur aux ascendants, ainsi d'ailleurs que le contrôle de la justice, constituait la règle de l'ancien droit et le Code l'a conservée (²).

Comme dans notre ancien droit, l'impuissance naturelle ou accidentelle est une cause de nullité de mariage, lorsqu'elle existe au moment du mariage ; mais il faut qu'elle soit « apparente ou manifeste », et l'action doit être intentée par le conjoint seul dans les trois ans du mariage. Il faut donc en fait qu'elle consiste soit dans un vice de conformation, soit dans une mutilation.

Célébration. — Le mariage doit être célébré publiquement devant un fonctionnaire compétent reconnu par la loi. Sont compétents aux termes du Code, « les fonctionnaires autorisés par la loi à tenir et garder registres de l'Etat civil », c'est-à-dire les ministres du culte, curés ou pasteurs (³).

Empêchements. — Le Code stipule qu'aucun fonctionnaire ainsi autorisé ne peut être contraint à célébrer un mariage contre lequel

---

(1) Comme on l'a dit, elles ont pour seul résultat *d'entraîner des frais inutiles.* (COLIN et CAPITANT, I, page 132). Les conceptions du droit canonique ont triomphé au Bas-Canada ; il est curieux de remarquer avec quelle prudence le législateur français revient d'un mouvement continu aux idées canoniques, qui sont aussi sur ce point les idées révolutionnaires (Lois LEMIRE).

(2) Ordonnance de Blois, art. 43. — POTHIER, *Contrat de mariage*, N° 336.

(3) Cette disposition du Code nous donne l'occasion de nous arrêter en passant aux actes de l'Etat civil en général (art. 39, 78).

Il est à remarquer en effet que le soin de les tenir n'est pas confié aux autorités civiles. Le Code a suivi l'usage français en vigueur depuis les ordonnances de Villers-Cotterets et de Blois. La réglementation actuelle est celle de l'ordonnance de 1667 qui, nous le savons, avait été enregistrée au Parlement de Québec. Les registres de l'état civil sont donc rédigés par les autorités religieuses, curés ou pasteurs.

Outre les actes de naissance, de mariage ou de décès, existaient également les actes de profession religieuse. Ils ont été supprimés par la loi du 9 mars 1906 qui a aboli la mort civile.

i¹ existe un empêchement, d'après les doctrines et croyances de sa religion, et la discipline de l'Eglise à laquelle il appartient.

Il existe donc deux catégories d'empêchements : Les empêchements proprement légaux, et les empêchements canoniques.

Les empêchements légaux sont les mêmes que ceux du Code Napoléon, avant la réforme du 1ᵉʳ juillet 1914, qui a autorisé chez nous les mariages entre beaux-frères et belles-sœurs ; cependant, par une particularité assez curieuse qui doit s'expliquer par le moins grand nombre de femmes dans un pays d'immigration, le Code autorise le mariage entre un homme et la sœur de sa femme défunte. Mais à l'encontre du Code Napoléon, pour les empêchements édictés par le Code, aucune dispense n'est possible et les mariages interdits pour parenté ou alliance peuvent être attaqués par tout le monde, même par les créanciers des époux, pourvu que leur intérêt soit né et actuel.

Quant aux empêchements canoniques, le Code ne les précise pas : il se borne à reconnaître et à proclamer que les empêchements admis d'après les différentes croyances religieuses, comme résultant soit de la parenté ou de l'alliance, soit de toutes autres causes, par exemple des vœux religieux, de l'affinité spirituelle, restent soumis aux règles suivies jusqu'ici dans les diverses églises et sociétés religieuses.

Les dispenses d'empêchements sont accordées pour les catholiques par l'autorité religieuse ; en premier ressort, par l'Ordinaire dont la décision doit être ratifiée par le Métropolitain, avec appel possible devant le Saint-Siège.

La nullité du mariage est prononcée par les Tribunaux laïques, mais, naturellement, pour les catholiques tout au moins, la décision de la juridiction civile doit correspondre à une décision identique de l'autorité ecclésiastique. Il est vrai que tout le monde a toujours la possibilité de quitter la religion catholique, sauf peut-être le prêtre (¹).

Quant aux Protestants, ils admettent la compétence du Tribunal séculier à prononcer la nullité du lien matrimonial.

Dans le cas de nullité du mariage, la bonne foi des époux produit les mêmes effets que chez nous ; remarquons seulement que le mariage putatif légitime même les enfants naturels nés avant le mariage. Cela ne résulte pas du Code, mais c'est la solution des

---

(1) Voir sur la question du mariage des prêtres (LORANGER op. cit. N° 184).

Tribunaux Canadiens. On sait que dans notre ancien droit la jurisprudence s'était prononcée en sens contraire et qu'elle avait reçu l'approbation des commentateurs (¹).

⁎

Effets du mariage. — A propos de la légitimation, une différence remarquable sépare l'article 237 du Code de Québec de l'article 331 du Code Napoléon. La légitimation des enfants naturels s'effectue de plein droit par le seul fait du mariage subséquent de leur père et mère, indépendamment de la volonté ou d'aucun acte des parents qui ne pourraient pas l'empêcher, même s'ils le voulaient. Le Code a suivi le droit canonique, qui n'a jamais exigé la reconnaissance préalable de l'enfant. C'est le mariage qui légitime : quand la filiation est certaine, qu'importe qu'elle soit constatée après le mariage ? (²).

Les autres effets du mariage sont identiques à ceux du Code Napoléon (³). La seule particularité du Code de Québec concerne l'incapacité de la femme mariée. Elle est d'ailleurs trop importante et trop remarquable, au point de vue de la survivance de l'ancien droit, pour que nous ne lui consacrions pas un paragraphe spécial.

⁎

L'incapacité de la femme mariée est, en droit canadien, régie

---

(1) Voir l'arrêt du 15 mars 1674 rapporté et approuvé par POTTIER (Contrat N° 419). De nos jours, en France, la question a été discutée (cf. Dans le sens de la négative, PLANIOL, I, N° 1109) ; la rédaction de l'article 202 du Code Napoléon qui parle des *enfants* issus du mariage, semble bien avoir voulu maintenir en France la solution traditionnelle. Il est vrai que cette rédaction est la même que celle de l'article 163 du Code de Québec et elle n'a pas empêché la jurisprudence canadienne de décider en sens contraire. La solution canadienne d'ailleurs tend à se généraliser en France (COLIN et CAPITANT, I. p. 189).

(2) POTHIER (Contrat N° 422) : *La légitimation des enfants se fait par la seule force et efficace du mariage. Il n'est donc pas nécessaire que le consentement du père et de la mère intervienne pour cette légitimation ; il n'est pas en leur pouvoir de priver leurs enfants du droit que la loi leur donne.*

(3) Mais les dispositions des ordonnances de 1639 et 1697 qui privèrent les mariages *in extremis* de leurs effets civils sont encore en vigueur, n'ayant pas été abrogées par le Code. Les Tribunaux essaient seulement de les interpréter restrictivement. (BEAUCHAMP, jurisprudence of the Privy Council. 549).

exactement par les mêmes principes que dans l'ancien droit français. Il importe de les dégager pour étudier la façon dont le Code les a appliqués.

Sur quoi était fondée dans l'ancien droit l'incapacité de la femme mariée ?

La loi ne déclare le mineur incapable qu'à raison de sa faiblesse, de son inexpérience. Elle le protège contre ceux qui pourraient profiter de cette inexpérience et elle le rend incapable... de faire des contrats désavantageux. Mais elle ne le prive pas de toute incapacité.

Au contraire, l'incapacité de la femme est totale. Mais elle ne repose pas sur une idée de protection ; la seule chose qui la justifie et l'explique, c'est l'obéissance qu'elle doit à son mari, ce sont les droits que le mariage confère à son mari, en un mot la puissance maritale ; Pothier le déclare clairement : « La nécessité de l'autorisation du mari n'est fondée que sur la puissance que le mari a sur la personne de sa femme, qui ne permet à sa femme de rien faire que dépendamment de lui... (¹).

Quelle conséquence va découler de ce principe ? (²). La nullité absolue de l'acte accompli par la femme sans l'autorisation de son mari : la Coutume de Paris le décide dans son article 223 : « Si la femme mariée fait aucun contrat sans l'autorité et consentement de son mari, tel contrat est nul ».

Si cette nullité ne constitue donc pas une simple nullité relative, mais bien une nullité absolue et radicale, il en résulte nécessairement plusieurs effets, conformes aux théories générales, qui ont été admis par le Code de Québec.

1° Tout intéressé peut se prévaloir de la nullité de l'acte accompli par la femme sans l'autorisation de son mari.

---

(1) Pothier, *Puissance du mari*, N° 5.

(2) Du fait que l'incapacité de la femme a son origine dans la puissance maritale, M. Planiol (T. 1 n° 928) tire, à l'occasion précisément du même passage de Pothier, des conséquences absolument contraires à celle que nous exposons.

M. Planiol prétend que, d'après le principe posé par l'ancien droit, le mari seul devrait avoir le droit de faire annuler l'acte irrégulier, et que la ratification du mari devrait suffire à valider définitivement l'acte de la femme.

L'erreur de cette double déduction est évidente ; les conclusions de M. Planiol sont d'ailleurs contraires également à la vérité historique.

2° La ratification du mari, son autorisation donnée après coup, ne peuvent valider l'acte.

C'est ce que décide l'article 183 du Code aux termes duquel l'autorisation du mari, dans le cas où elle est requise, comporte une nullité que rien ne peut couvrir et dont peuvent se prévaloir tous ceux qui y ont un intérêt né et actuel. Les Tribunaux canadiens ont appliqué rigoureusement ce principe, notamment au cas de ratification postérieure par le mari ([1]). Et, encore une fois, le Code et la Jurisprudence n'ont fait qu'appliquer la Coutume de Paris unanimement interprétée dans le sens de la nullité absolue ([2]).

Mais précisément pourquoi ne point limiter au mari seul le droit de se plaindre de l'acte accompli sans son consentement ? Pourquoi ne pas reconnaître la validité de la ratification par le mari ?

On a prétendu ([3]) que c'était par suite du caractère solennel que, dans l'ancien droit, on avait donné à l'autorisation. Ainsi, le défaut de solennité rendait l'acte absolument nul. Conclusion : du moment où, dans nos législations contemporaines, l'on abandonnait toute forme solennelle, la restriction de l'action en nullité au profit exclusif du mari s'imposait.

La raison est autre ; elle est beaucoup plus simple et très juridique. La nullité qui nous occupe est absolue pour un motif *d'ordre public*, parce qu'il n'est pas permis au mari de renoncer à la puissance maritale et aux droits qui en découlent. Pareille renonciation ne pourrait se faire par contrat de mariage, elle ne peut pas non plus s'opérer d'une façon détournée, par exemple le mari s'abstenant d'attaquer les actes accomplis par sa femme sans son autorisation.

On voit donc combien sont illogiques les solutions contraires données par l'article 225 du Code Napoléon, qui admettent la possibilité de ratification par le mari et réservent à la femme et aux héritiers seuls l'action en nullité résultant du défaut d'autorisation.

----

(1) Montréal Law Reports, I Superior Court P. 162.

(2) FERRIÈRE, Commentaire de la Coutume de Paris Ar. 223 vol. III. P. 259. *L'obligation de la femme non autorisée est nulle, ipso jure et partant elle ne peut produire aucun effet... et telle obligation est nettement nulle qu'il n'est pas besoin de lettres pour la faire casser.*

(3) PLANIOL, op. cit. I n° 928.

Enfin, une troisième conséquence découle de l'application du principe ancien.

Lorsque la femme est mineure, l'autorisation du mari, même majeur, ne suffit que pour les cas où le mineur émancipé pourrait agir seul (art. 182). Cela se comprend : l'autorisation du mari fait disparaître l'empêchement qui résulte de la puissance maritale, mais n'affecte pas l'incapacité dont la femme est frappée par suite de sa minorité.

En revanche, le mari, quoique mineur, peut, dans tous les cas, autoriser sa femme majeure. C'est l'application logique des principes de l'ancien droit (¹) devant lesquels le Code Napoléon (art. 224) a encore reculé, on ne s'explique guère pourquoi (²).

*
* *

Dissolution du mariage et séparation de corps. — Tant que les deux époux vivent l'un et l'autre, le mariage est indissoluble, et aucun des deux époux ne peut en contracter un nouveau. Le Code revient à deux fois sur cette idée fondamentale, une première fois à propos de la dissolution du mariage, qui ne peut s'opérer que par la mort d'un des conjoints (art. 185) ; une seconde fois, à propos de la séparation de biens, qui ne rompt pas le lien du mariage (art. 206).

Le Code stipule formellement, au titre de l'absence, que l'époux de l'absent ne peut jamais en contracter un nouveau sans rapporter la preuve certaine du décès de son conjoint (art. 108). C'est évidemment la solution du droit français (³), quoique le Code Napoléon soit muet sur ce point. Mais l'article 139 du Code Napoléon réserve à l'époux absent l'action en nullité du second mariage de son conjoint, ou à son fondé de pouvoir, muni de la preuve de son existence ; par conséquent, le second mariage ne peut être attaqué que s'il est démontré que le premier existe encore, et alors si pour une raison ou pour une autre, le conjoint a pu se remarier, voilà les effets de

---

(1) PLANIOL op. cit. I. N° 928. — COLIN et CAPITANT I. P. 617.

(2) La disposition de l'article 224 du Code Napoléon ne serait en effet logique que si la femme majeure, non mariée, était elle-même incapable.

(3) PLANIOL pp. cit. I. N° 720. — COLIN et CAPITANT III. P. 974.

l'absence qui se retournent en sa faveur ; cela est éminemment juridique.

Le Code de Québec au contraire ne renferme que la disposition
prohibitive de l'article 108 d'où il suit que si le conjoint de l'époux
absent se remarie, son mariage est nul et il est considéré comme
bigame, sans qu'il puisse se prévaloir de l'impossibilité où celui qui
attaque le mariage se trouve de faire la preuve de la bigamie... Il
n'est d'ailleurs pas bien sûr que la solution du Code de Québec ne
soit pas aussi rigoureusement juridique que la solution contraire du
Code Napoléon.

Séparation de corps. — Si le mariage est indissoluble, la séparation
de corps peut-être prononcée pour des causes déterminées. Ces causes
ne sont d'ailleurs pas toutes les mêmes que celles du Code Napoléon.

Tout d'abord si l'adultère de la femme est dans tous les cas une
cause de séparation de corps, il n'en est de même de l'adultère du
mari que s'il y a entretien de concubine au domicile conjugal ; le
Code a, sur ce point, conservé l'antique distinction de l'article 230
ancien du Code Napoléon.

La condamnation de l'un des époux à une peine afflictive et infa-
mante ne constitue pas par elle-même une cause de séparation.

Pour les excès, sévices et injures graves, le juge a toujours un
pouvoir souverain d'appréciation, mais il doit avoir égard à l'état
et à la condition des époux (art. 190). C'est la règle posée par nos
anciens auteurs (¹), en même temps que la codification de la jurisprudence française en la matière (²).

Nous étudierons dans le chapitre suivant, à propos de la séparation de biens, les effets de la séparation de corps sur la capacité
de la femme.

---

(1) POTHIER. *Contrat de mariage* N° 598 : *Il n'est pas facile de déterminer le
degré de ce que la femme doit avoir à souffrir pour qu'il y ait lieu à la
séparation, ni d'appliquer ce principe aux différentes circonstances.*

On sait d'ailleurs que, dans l'ancien droit, la femme ne pouvait jamais
obtenir la séparation pour adultère car, dit POTHIER, *il n'appartient pas à la
femme, qui est inférieure, d'avoir inspection sur la conduite de son mari, qui
est son supérieur, même si les débauches du mari lui avaient attiré le mal
vénérien, ce mal n'étant plus aujourd'hui un mal incurable, mais un mal
que presque tous les chirurgiens savent guérir...* (POTHIER id. N° 516 et 514).

(2) Cass. 11 Avril 1865. D. P. 66. — I. — 166.

CHAPITRE III

DES CONVENTIONS MATRIMONIALES

Dispositions générales. — Communauté. — Séparation de biens.

Le Code inscrit en tête du titre des conventions matrimoniales, le principe le plus absolu de liberté. Il est permis de faire dans les contrats de mariage toutes sortes de conventions, même celles qui seraient nulles dans tout autre acte entre vifs. L'exemple le plus significatif est la renonciation à une succession non ouverte, qui est autorisée par l'article 1257, au contraire de l'article 1389 du Code Napoléon. Sur ce point, le Code a conservé la règle de l'ancien droit français, où les pactes sur succession future jouaient, sous divers noms, un si grand rôle dans les contrats de mariage.

Sont seules exceptées les conventions contraires à l'ordre public, aux bonnes mœurs ou interdites par quelque loi prohibitive. Comme exemple de loi prohibitive on peut citer l'article 279 de la Coutume de Paris qui réduit considérablement les avantages que peuvent se faire les personnes convolant en secondes noces, lorsqu'elles ont des enfants d'un premier mariage. D'après la Coutume, l'époux avantagé ne peut l'être « plus que l'un des enfants » (¹).

____

(1) C'est de l'article 279 de la Coutume qui reproduisait un des chefs de

A défaut de conventions spéciales, les époux sont présumés se soumettre « aux lois et coutumes générales du pays ». Par conséquent, pour tous les points que le Code n'aura pas prévus, pour l'interprétation de ceux sur lesquels il aura légiféré on appliquera les règles de l'ancien droit. Ce renvoi à la Coutume, particulier aux contrats de mariage, était bien inutile ; mais il marque une fois de plus le soin des rédacteurs du Code de ne pas briser avec l'ancien droit, mais au contraire de le continuer normalement. En pareille matière, les auteurs du Code Napoléon éprouvèrent aussi le besoin de manifester une intention contraire (1).

Le régime légal est la communauté de biens, comme en France, mais elle s'accompagne du douaire coutumier en faveur de la femme et des enfants, institution abandonnée chez nous et conservée de la Coutume de Paris.

Le Code ne réglemente ni ne prévoit le régime dotal. Est-ce à dire que les parties ne pourraient s'y soumettre, par stipulations précises et expresses ? Naturellement non, en vertu de la liberté des conventions matrimoniales. En fait, d'ailleurs, le régime dotal n'est pas usité au Canada.

Quant aux autres dispositions générales relatives aux conventions matrimoniales (forme notariée (2), irrévocabilité, immutabilité), elles reproduisent de façon à peu près identique les dispositions correspondantes du Code Napoléon.

Nous étudierons successivement la communauté, légale et conventionnelle, le régime de séparation de biens et enfin, dans un chapitre suivant, le douaire.

LA COMMUNAUTÉ

La Communauté. — Nous venons de dire que la communauté constituait le régime de droit commun. La lutte célèbre entre la commu-

---

l'Edit des secondes noces (1560) qu'est inspiré l'article 1098 du Code Napoléon. Il n'a pas passé dans le Code de Québec, mais il s'y applique tout de même puisqu'aucune disposition du Code ne l'abroge.

(1) Code Napoléon, art. 1390.

(2) Sont cependant exemptés de la forme notariée les contrats de mariage faits dans certaines localités pour lesquelles l'exception à cet égard existe en vertu de lois particulières. Cela se comprend facilement dans un territoire très étendu et difficilement pénétrable.

nauté et le régime dotal lors de la rédaction du Code Napoléon, ne pouvait se reproduire au Bas-Canada, où le fond du droit reposait sur la coutume de Paris. Or, dans le ressort du Parlement de Paris, non seulement la communauté formait le droit commun, mais le régime dotal n'était même pas autorisé, tout au moins dans ce qu'il a de plus essentiel, l'inaliénabilité des immeubles dotaux (¹).

Composition de la Communauté. — Elle diffère sur un seul point de la communauté française.

Sauf les donations et legs faits par les ascendants, toutes les donations et legs d'immeubles entrent dans la communauté, à moins de stipulation contraire (article 1276). C'est le contraire de l'article 1405 du Code Napoléon.

En droit Français, on ne considère pas la personne du donateur. Que le donateur soit parent du donataire ou qu'il lui soit étranger, que celui-ci soit ou non le successible du donateur, peu importe ; dès que la donation est faite à l'un des époux, l'immeuble donné reste en principe propre au donataire.

Le droit Canadien n'envisage au contraire que la personne du donateur, il ne s'occupe pas de savoir à quel époux la donation est adressée. Bien plus, quand les époux sont conjointement donataires, du moment que le donateur est un ascendant la donation n'est censée faite qu'à l'époux successible et l'immeuble donné lui demeure propre... alors qu'en France, lorsque l'immeuble est donné aux deux époux conjointement, il est commun ; l'article 1405 du Code Napoléon ne vise en effet que les donations faites à un seul des deux époux, et la doctrine et la jurisprudence l'interprètent strictement (²).

Le Code de Québec a suivi la Coutume de Paris qui n'excluait de la communauté que les immeubles donnés par un ascendant (³). On

----

(1) Cf. l'Edit d'avril 1664 qui abrogea la loi *Julia*, même dans les pays de droit écrit rattachés au Parlement de Paris (Lyonnais, Forez, Beaujolais Mâconnais).

(2) Chambéry 3 Avril 1901 D. P. 03-2-54.
PLANIOL III. N° 940. — COLIN et CAPITANT III P. 76.

(3) Cout. de Paris Art. 246 : *Chose immeuble donnée simplement à l'un des conjoints, elle est commune, fors et excepté les donations faites en ligne directe.*

considérait de pareilles libéralités comme des avancements d'hoirie, c'est-à-dire comme des successions anticipées qui laissaient aux biens donnés leur caractère de propres, comme s'ils avaient été recueillis dans la succession du donateur (¹). Ils étaient « équipollents à succession ».

Pour les autres donations, qui n'étaient pas faites en ligne directe, n'était-il pas tout naturel qu'elles entrent en communauté ? « Il n'est si bel acquêt que de don » (²).

Administration de la Communauté. — Le Code a maintenu d'une façon intégrale les principes rigides de l'ancien droit.

Le mari, chef de la communauté, n'est pas simplement, comme sous l'empire du Code Napoléon, l'administrateur des biens qui la composent. Il en est le « seigneur et maître » absolu et peut en disposer comme bon lui semble, même s'ils ont été acquis par l'industrie de la femme.

La femme ne peut être considérée comme une associée. Tant que la communauté subsiste, son droit reste informe, absorbé dans la toute puissance du mari et subordonné à l'avènement de son acceptation après la dissolution.

Elle ne peut, par conséquent, demander, même avec l'autorisation de la justice, la rescision de l'aliénation des biens communs faite par le mari. Mais s'il y a fraude du mari ? Elle ne le peut pas davantage, son seul recours est alors et seulement la demande de séparation de biens. Cette jurisprudence nettement affirmée des tribunaux canadiens (³) est contraire à la jurisprudence française qui admet la nullité des aliénations frauduleusement consenties par le mari (⁴).

Sur ce point il est d'ailleurs extrêmement curieux de remarquer que c'est la jurisprudence française qui est d'accord avec l'ancien droit. L'article 225 de la Coutume de Paris, après avoir énoncé dans

---

(1) La preuve en est que lorsque la donation était faite par un parent en ligne collatérale, mais devait échoir au donataire à titre de succession, c'est-à-dire lorsque le donataire était l'héritier présomptif du donateur, elle ne tombait pas en communauté (Arrêt de la chambre des Enquêtes du 20 septembre 1594, rapporté par FERRIÈRE, sous l'art. 246 de la Coutume).

(2) LOYSEL, *Institutes Coutumières*, N° 655.

(3) C. A. 1889. 15. Q. L. R. 333 — 13. L. M. 86.

(4) Cas. 23 mars 1903. D. P. 1904-1-33.

toute leur étendue les pouvoirs du mari, ajoutait cependant cette réserve importante que le mari devait agir « sans fraude ». L'article 1292 du Code de Québec et l'article 1421 du Code Napoléon sont conçus tous les deux en termes identiques : « Le mari peut vendre, aliéner et hypothéquer les biens de la communauté sans le concours de la femme ». La restriction au sujet de la fraude a disparu également des deux textes. Entraînée par le principe des droits souverains du mari, la jurisprudence canadienne est allée plus loin que le droit ancien (1).

En matière de donations, les codificateurs n'ont pas changé la loi ancienne, qui est évidemment plus conforme aux principes sur lesquels est fondée la communauté conjugale. Si le mari peut vendre un immeuble et en dissiper le prix sans que sa femme ait rien à y voir, pourquoi ne pourrait-il pas le donner pourvu qu'il le fasse sans intention de frauder la loi ? « La communauté appartient au mari tant qu'elle dure », disait Ferrière, et comment la femme aurait-elle le droit de se plaindre « quand son mari dissipe les effets de la communauté, puisqu'il use du juste droit que la loi lui donne ? » (2).

Il n'y aurait même ni fraude, ni excès de pouvoir dans la réserve que le mari peut faire pour lui seul de l'usufruit de l'objet donné ;

---

(1) Je me demande si ce n'est pas par suite d'une erreur d'interprétation de l'article 225 de la Coutume. Cela me paraît plus que probable, si l'on rapproche l'article de la Coutume de l'article 1292 du Code.

L'article de la Coutume est ainsi conçu : *Le mari est seigneur des meubles et conquêts immeubles par lui faits durant le mariage de lui et de la femme : en telle manière qu'il les peut vendre, aliéner ou hypothéquer, et en faire et disposer par donation ou autre disposition faite entre vifs à son plaisir et volonté, sans le consentement de sa dite femme, à personne capable et sans fraude.*

Voyons maintenant le Code : *Le Mari administre seul les biens de la communauté. Il peut les vendre, aliéner et hypothéquer sans le concours de sa femme.*

Il peut même seul en disposer par donation ou autre disposition entre vifs, pourvu que ce soit en faveur de personne capable et sans fraude.

Les codificateurs, *qui donnent l'article* 1292, *comme ne modifiant pas le droit ancien* (il n'est pas entre guillemets) ont interprété la réserve de la Coutume comme ne s'appliquant qu'aux dispositions à titre gratuit. Mais il est certain qu'elle s'appliquait, dans l'ancien droit, aussi bien aux ventes qu'aux donations. Cela a été jugé pour une vente frauduleuse, par arrêt du 18 avril 1562, rapporté par Ferrière sous l'article 225 de la Coutume.

(2) Laurière, *Commentaire,* art. 225 de la Coutume.

le Code, au contraire du Code Napoléon, n'interdit pas en elle-même pareille convention (¹).

Il a de même été jugé qu'une donation de biens de la communauté, consentie par le mari en faveur d'un des enfants comanuns, ne peut, quels que soient les avantages que cette donation confère à l'enfant qui en bénéficie, même au préjudice des autres enfants communs, constituer une fraude à l'égard de la femme, susceptible de permettre à celle-ci d'obtenir la nullité (²).

Le Code ajoute que la donation doit être faite à personne capable. Que signifie cette expression ? Elle a le même sens que dans l'ancien droit, et doit s'entendre de personne capable de recevoir la donation. L'enfant du premier lit, la concubine, l'enfant de la concubine, ne sont pas personnes capables (³).

Dans ce même ordre d'idées, le mari ne doit pas récompense pour les condamnations pécuniaires prononcées contre lui pour crimes ou délits et acquittés sur les biens de la communauté. C'est la solution logique de l'ancien droit (⁴). L'article 1424 du Code Napoléon s'en est écarté; il exige la récompense en se basant sur le principe de la personnalité des peines, lequel d'ailleurs ne reçoit qu'une demi-satisfaction, puisque la part de la femme ne reste pas indemne.

Administration des propres. — L'administration des propres est réglée par l'article 1298 du Code qui reproduit intégralement l'article 1410 du Code Napoléon. Mais est-il besoin d'ajouter que la jurisprudence canadienne l'a interprété d'une façon différente de la jurisprudence française, en ce qui concerne l'aliénation des meubles propres à la femme? Le Code ne demandant le consentement de la femme que pour l'aliénation de ses immeubles personnels, le mari n'a pas besoin de ce consentement pour l'aliénation des meu-

---

(1) Il faut reconnaître que sur ce point les anciens commentateurs étaient divisés. POTHIER admettait la validité de la donation, mais LEBRUN la considérait comme nulle (LEBRUN, *Communauté III*, ch. I, N° 251).

(2) C.R. 1903. R. S. et Q. 22. C. S. 443. Il faut noter, ce que nous verrons plus loin, que la liberté de tester est illimitée et que les enfants n'ont pas de réserve, en droit canadien.

(3) FERRIÈRE, sous article 225 de la Coutume.

(4) POTHIER, *Communauté*, N° 248.

bles ; le législateur canadien a appliqué simplement l'article 226 de
la Coutume de Paris (¹).

Remploi. — L'article 1206 résoud un point controversé dans l'ancien droit. L'acceptation du remploi par la femme ne devait-elle pas
se faire lors de l'acquisition même et par l'acte qui la contient ?
Pothier le prétendait (²). Mais le Code décide que l'acceptation peut
se faire par acte subséquent, pourvu qu'il intervienne avant la dissolution de la communauté. Ce parti l'a également emporté en France :
mais l'article 1435 du Code Napoléon ne le précisait pas.

Pouvoirs de la femme. — Pendant le mariage, les dettes contractées
par la femme antérieurement et qui n'ont pas date certaine, les
condamnations pécuniaires encourues par la femme pour crime ou
délit, ne peuvent pas se poursuivre avant la dissolution de la communauté, même sur la nue-propriété de ses biens personnels (³). En
aucune manière, le mari ne peut donc être troublé à leur sujet.

Sur un point cependant le mari, chef de la communauté, est, avec
raison d'ailleurs, traité plus rigoureusement qu'en France. Les actes
accomplis par la femme sans le consentement de son mari engagent
la communauté jusqu'à concurrence de ce qu'elle en profite. Cette
application de l'action « de in rem verso » enseignée par Pothier (⁴)
pour une raison d'équité n'a pas trouvé place dans le Code Napoléon
qui décide au contraire que la communauté n'est jamais engagée
pour les actes faits par la femme sans l'autorisation du mari (⁵).

Dépendant très étroitement de son mari, la femme est cependant
à certains égards protégée contre lui d'une façon très efficace. Le

---

(1) La jurisprudence française exige le consentement de la femme ; Aubry
et Rau (§ 510 et 522) ont en vain combattu cette interprétation de l'art. 1428
du Code Napoléon qui s'est imposée chez nous dans l'intérêt de la femme et
aussi par cette considération que chez nous le mari n'est qu'un administrateur et qu'aliéner dépasse les pouvoirs d'administration (Colin et Capitant
III, p. 155).

(2) *Communauté* N° 200.

(3) Solutions contraires dans les articles 1410 et 1424 du Code Napoléon,
d'après lesquels les créanciers peuvent immédiatement sauvegarder leurs
droits sur la nue-propriété.

(4) Pothier, *Communauté* N° 255.

(5) Code Napoléon Art. 1426.

Sénatus-Consulte Vélleien est resté en vigueur au Canada, tout au moins dans la disposition fort importante de l'article 1301, d'après laquelle la femme ne peut s'obliger avec ou pour son mari qu'en qualité de commune. Toute obligation qu'elle contracte ainsi en autre qualité est nulle et sans effet « sauf les droits des créanciers qui contractent de bonne foi », c'est-à-dire qui auraient accepté l'engagement de la femme ignorant sa situation matrimoniale. Encore cette exception n'a-t-elle été introduite dans le Code que par une loi de 1904.

Donc, la femme qui pendant la communauté s'oblige avec son mari, même solidairement, n'est censée le faire qu'en qualité de commune. En acceptant la communauté, elle ne sera tenue personnellement que pour moitié de la dette ainsi contractée ; elle ne sera pas tenue du tout, si elle renonce. Les créanciers ne pourront recourir contre elle que si elle accepte ; il faudra qu'ils attendent la dissolution de la communauté ; dans l'intervalle, ils ne pourront compter absolument sur rien et resteront dans l'incertitude.

Testaments. — Au point de vue testamentaire, les deux époux sont traités sur le même pied. Le légataire a le droit de prendre la chose en entier, si elle tombe dans le lot du testateur, que ce soit l'homme ou que ce soit la femme. Si elle ne tombe pas dans le lot du testateur, le legs est valable pour la moitié, c'est-à-dire pour la part du testateur (1).

Dissolution de la Communauté. — Les mêmes règles que celles du Code Napoléon gouvernent la confection de l'inventaire, l'acceptation et la renonciation de la femme.

Le Code Napoléon toutefois exige que la renonciation se fasse au greffe. Québec a gardé la règle de l'ancien droit : la renonciation se fait par acte notarié et aussi par déclaration en justice, ce qui a lieu, selon les vieux usages, lorsque la femme poursuivie comme com-

---

(1) C'est l'application de l'article 882 du Code, d'après lequel le legs d'une chose indivis est valable pour la quote-part que le testateur avait dans la chose. La jurisprudence canadienne ignore les difficultés qu'a présenté en France l'application de l'article 1423 du Code Napoléon.

mune en biens, offre dans l'instance une renonciation dont elle demande acte.

L'action Paulienne est ouverte aux créanciers au cas de renonciation frauduleuse de la femme. Mais cette action a des effets plus limités que celle de l'article 1464 du Code Napoléon. En effet, la renonciation n'est annulée qu'en faveur des créanciers et jusqu'à concurrence de leurs créances. Elle ne l'est pas au profit de la femme ou de ses héritiers qui ont renoncé.

Au cas de prédécès de la femme, ses héritiers peuvent renoncer sans être tenus de faire inventaire. C'est la consécration légale au Canada d'une jurisprudence qui avait tenté de s'implanter en France (¹) et que la Cour de Cassation n'a pas admise (²), étant donné les termes formels de l'article 1466 du Code Napoléon. La solution du Code de Québec paraît plus rationnelle : en effet la nécessité d'un inventaire facile à comprendre pour la femme survivante qui reste en possession des biens de la communauté et qui peut par suite commettre à loisir des détournements, se justifie beaucoup moins pour les héritiers de la femme qui, en présence d'un mari survivant, ne possèdent rien des biens communs (³).

Usufruit légal du conjoint survivant. — Après le décès de l'un des deux époux, le Code de 1867 prévoyait la continuation possible de la communauté ; ce n'était pas d'ailleurs une pénalité comme sous l'empire de la Coutume de Paris, au cas de défaut d'inventaire (⁴) ; c'était au contraire un avantage pour le conjoint survivant, qui se trouvait sans fortune personnelle alors que la communauté était florissante.

Une loi a abrogé ces dispositions à dater du 1ᵉʳ septembre 1897 et créé l'usufruit légal du conjoint survivant.

En l'absence de testament contraire, le survivant des conjoints a la jouissance des biens de la communauté venant à ses enfants, du chef du conjoint prédécédé. Cette jouissance dure, quant à chacun

---

(1) Rennes, 29 Janvier 1885. D. P. 86-2-128.
(2) Cas. 15 juin 1909. D. P. 10-1-417.
(3) En ce sens, COLIN et CAPITANT. III P. 185 et également la note de M. PLANIOL dont l'arrêt ci-dessus de la Cour de Cassation.
(4) Coutume de Paris, Art. 240-241.

des enfants, jusqu'à ce qu'il ait atteint l'âge de 18 ans ou qu'il ait été émancipé (¹) (Articles 1323 et suivants). En somme, cet usufruit, tout au moins pour les biens qui doivent revenir aux enfants du chef de la communauté, rappelle la jouissance légale du Code Napoléon, moins étendue cependant, puisqu'elle ne porte pas sur les autres biens de l'enfant.

L'usufruit cesse dans le cas d'un second mariage, aussi bien pour le père que pour la mère (²).

COMMUNAUTÉ CONVENTIONNELLE

Les époux peuvent par contrat de mariage apporter à la communauté légale les mêmes modifications que celles prévues par la loi française.

Cependant le Code de Québec ne parle pas de la communauté réduite aux acquêts, si usitée chez nous. Inutile de faire remarquer qu'elle n'est pas pour cela interdite, puisqu'elle n'est pas prohibée et que seules le Code interdit les conventions contraires à l'ordre public. Au contraire, l'article 1413 réserve aux époux la possibilité de toutes autres conventions et modalités que celles réglementées par le Code (³). Mais la communauté d'acquêts ne paraît pas usitée dans la Province de Québec.

Une seule remarque relative au préciput.

Lorsque la communauté est dissoute du vivant des époux, cette dissolution, à moins de stipulation contraire, ne donne pas ouverture au préciput. L'article 1518 du Code Napoléon impose alors au mari l'obligation de donner caution. Il n'est pas de même en droit canadien ; la femme ne peut exiger caution de son mari, elle pourra seulement, si elle survit, réclamer son préciput à la succession de son mari. Mais naturellement elle court le risque d'une dilapidation des biens de communauté par le mari. Nous verrons qu'il en est de même pour le douaire conventionnel, pour lequel elle se trouve dans la même condition, et qu'elle ne peut exiger du vivant de son mari.

---

(1) Sauf lorsqu'elle a lieu par mariage, l'émancipation est toujours prononcée par la justice. Elle peut avoir lieu à n'importe quel âge.

(2) Comparez l'article 386 du Code Napoléon, avant et après la loi du 21 février 1906.

(3) L'article 1413 est calqué sur l'article 1527 du Code Napoléon.

Séparation de Biens

La séparation de biens, judiciaire ou conventionnelle, rend à la femme une capacité limitée, plus étendue cependant que celle qui lui est généralement reconnue en France.

Nous savons en effet qu'en France, la Jurisprudence a finalement interprété l'article 1449 du Code Napoléon de la façon suivante. La vente des meubles de la femme n'est valable qu'autant qu'elle est nécessitée par les besoins de son administration [1].

L'article 1318 du Code de Québec reproduit le Code Napoléon. Cependant, la jurisprudence canadienne a adopté une opinion plus large, conforme à l'ancien droit. On permettait jadis à la femme séparée d'aliéner ses meubles en toute indépendance [2] ; le Code n'a apporté sur ce point aucune restriction aux pouvoirs de la femme.

Une autre différence marque le droit canadien. Nous avons vu que la femme ne pouvait s'engager avec ou pour son mari qu'en qualité de commune. Il découle de cette disposition une conséquence remarquable : la femme séparée de biens ne peut s'engager ni engager ses biens, en aucune manière, pour les affaires de son mari. Si elle le fait, son engagement sera cassé et annulé comme contracté en violation d'une loi d'ordre public [3].

Charges du ménage. — S'il n'existe point de convention à cet égard et que les parties ne puissent pas s'entendre, le Tribunal

---

(1) Cas. 24 octobre 1906 D. P. 27-1-14. Voir sur cette question et dans le sens de la jurisprudence française l'intéressante thèse de M. Moissinac, Paris 1920, p. 47. Il me semble cependant que c'est à tort que M. Moissinac range MM. Colin et Capitant parmi les partisans, tout au moins convaincus de la Jurisprudence (Cp. Colin et Capitant. III, p. 249).

(2) Même, au début, la séparation de biens avait pour effet de faire sortir entièrement la femme de la puissance du mari et de lui rendre toute sa capacité. Les articles 224 et 234 de la Coutume de Paris le proclament. Ce ne fut qu'au début du xviie siècle que la jurisprudence se mit à exiger le consentement du mari, mais seulement pour les aliénations d'immeubles.

M. Planiol (III N° 1440) donne, d'après les anciens auteurs, l'explication de cette jurisprudence nouvelle.

(3) Jurisprudence constante: Beauchamp cite, sous l'article 1301, plus de vingt décisions des tribunaux canadiens qui ont déclaré nulle la caution donnée à son mari par une femme séparée de biens.

détermine la proportion contributive de chacune d'elles aux charges du ménage, d'après les circonstances et les facultés respectives des époux.

Encore la règle de l'ancien droit (¹) que ne vaut pas, à beaucoup près, la fixation arbitraire du tiers de la loi française.

Séparation de biens accessoire à la séparation de corps. — Au cas où la séparation de biens est la conséquence de la séparation de corps, la femme n'acquiert que la capacité attachée à la séparation de biens. Pour les actes tendant à l'aliénation de ses immeubles, la femme séparée de corps a toujours besoin de l'autorisation de son mari ou, à son refus, de celle de la justice. La réforme française du 6 février 1893 ne s'est pas produite dans la Province de Québec.

Le retour de la femme dans la maison conjugale rétablira de plein droit la communauté. Ce système est plein d'inconvénients : n'autorise-t-il pas toutes les fraudes ? Les précautions de la loi française, qui exige dans tous les cas un acte authentique, paraissent bien préférables. Mais le Code a suivi la coutume de l'ancien droit (²).

---

(1) POTHIER, *Communauté* N° 464.
(2) POTHIER, *Contrat de mariage* N° 524.

CHAPITRE IV

LE DOUAIRE

---

*Origine. — Douaire préfix et douaire légal. — Composition du
Douaire. — Protection du Douaire. — Son ouverture. — Douaire
de la femme. — Douaire des enfants.*

Le douaire est d'origine germanique et coutumière. Il était reconnu
dans presque toutes les Coutumes. Il tire son origine du fait que,
dans notre ancien droit, la femme n'était pas héritière de son mari,
n'étant pas sa parente. Mais on avait cependant compris qu'il fallait
assurer la subsistance de la femme après la mort de son mari, qu'il
fallait du moins et dans tous les cas que la mort du mari apporte le
moins de changement possible dans la situation matérielle de la
femme. De là, le douaire qui assure à la femme l'usufruit d'une
partie des biens personnels du mari, et plus tard aux enfants la
propriété de cette même portion des biens.

En France, le douaire n'existe plus. Le mari peut donner à sa
femme l'usufruit de tout ou partie de ses biens, mais une telle disposition sera considérée comme une libéralité soumise aux formalités
ordinaires des donations. L'intérêt du maintien du douaire ne s'imposait pas, au moins pour les enfants, qui pouvaient toujours compter
sur leur réserve ; quant au conjoint, on sait de quelles justes critiques
fut l'objet l'article 767 du Code Napoléon jusqu'à la loi du 9 mars
1891.

Le Code de Québec avait été plus sage. Ainsi que nous le verrons
plus loin, il avait bien conservé l'antique règle du droit coutumier

qui mettait le conjoint au dernier rang des successibles, juste avant le souverain, mais il garda aussi la contre-partie, le gain de survie légal, le douaire. Pour les enfants, le besoin se faisait peut-être encore plus impérieusement sentir, puisque le père pouvait et peut encore les déshériter complètement. Le douaire pour l'enfant est une sauvegarde qui le met à l'abri de l'injustice paternelle.

Le Code a naturellement maintenu les règles anciennes du douaire, telles ou à peu près, que les énonce la Coutume de Paris.

*
* *

Il y a deux espèces de douaire : celui de la femme et celui des enfants. Chacun de ces douaires est, soit légal ou coutumier, soit préfix ou conventionnel.

Le douaire légal ou coutumier est celui que la loi, indépendamment de toute convention, constitue par le simple fait du mariage, sur les biens du mari, au profit de la femme en usufruit, et des enfants en pleine propriété.

Le douaire préfix ou conventionnel est celui dont les parties sont convenues par contrat de mariage.

Le douaire préfix exclut le douaire coutumier (¹), c'est-à-dire que la femme ne peut prétendre à la fois, aux deux douaires, qui peuvent, nous le verrons, ne pas être composés des mêmes biens. Cependant, il est permis de stipuler par contrat de mariage que la femme et les enfants auront le droit de prendre l'un ou l'autre à leur choix. Une fois qu'elle a pris parti, la femme ne peut revenir sur sa détermination, « il faut excepter si elle est mineure » (²).

L'option faite par la femme après l'ouverture du douaire lie les enfants, qui sont tenus de se contenter de celui des deux douaires que leur mère a préféré. Si elle meurt avant d'avoir fait son choix, la faculté de le faire passe aux enfants (³). Si les enfants décèdent à leur tour avant d'avoir fait l'option, ils transmettent ce droit à leurs héritiers (⁴).

---

(1) Coutume de Paris Art. 261 : *Femme douée de douaire préfix ne peut demander douaire coutumier, s'il ne lui est permis par son traité de mariage.*
(2) FERRIÈRE, sous l'article 261.
(3) Article 1430.
(4) Les anciens auteurs discutaient la question. Certains prétendaient que

A défaut de contrat de mariage, ou si, dans le contrat de mariage, les parties ne se sont pas expliquées sur la question du douaire, le douaire coutumier est constitué de plein droit au profit de la femme et des enfants. Mais il est permis de stipuler qu'il n'y aura aucun douaire (¹) et cette stipulation s'étend aux enfants comme à la mère ; il est vrai que pareille clause doit être expresse.

A quel moment prend naissance le droit de la femme ? Le Droit au douaire préfix court de la date du contrat de mariage, celui du douaire coutumier du jour de la célébration du mariage ou de la date du contrat, s'il y en a un et que le douaire y ait été stipulé. La Coutume de Paris était muette sur la question, mais les commentateurs étaient d'accord pour faire naître le droit au douaire du jour de la célébration du mariage (²). Il n'en était pas d'ailleurs de même dans toutes les Coutumes, certaines exigeant que le mariage ait été consommé (³).

Pas plus que dans l'ancien droit, le douaire, coutumier ou préfix, n'est regardé comme un avantage sujet aux formalités des donations, mais comme une simple convention de mariage. Il procède d'une obligation que l'homme contracte par le mariage envers la femme. Mais nous verrons que le douaire préfix peut excéder le douaire coutumier. N'y a-t-il pas alors donation de cet excédent ? La question s'était posée dans l'ancien droit comme elle s'est posée devant les Tribunaux canadiens ; ceux-ci l'ont résolue dans le même sens que Pothier (⁴) : « Dower is not a gift, but a debt, and this by onerous title ; this rule applies to conventional dower, even when it exceeds the customary dower, which it replaces » (⁵).

Le douaire coutumier, ainsi que le douaire préfix qui porte sur

---

les héritiers recueillaient simplement le douaire coutumier (RÉNUSSON, *Douaire* e 5. N° 9) mais la jurisprudence était en sens contraire (Arrêt du 23 décembre 1551 que rapporte FERRIÈRE à l'art. 261). C'était aussi l'opinion de POTHIER (*Douaire* N° 325).

(1) *Coutume de Paris*, article 247.

(2) POTHIER, *Douaire* N° 147.

(3) *Coutume de Normandie*, article 352 : *La femme gagne son douaire au coucher.*

(4) POTHIER N° 6 : *Même lorsqu'il excède la valeur du coutumier, il est toujours censé procéder d'une obligation.*

(5) 1901 R.S.Q.20.C.S.135.

des immeubles, est un droit réel, qui se règle d'après les lois du lieu où sont situés les immeubles qui y sont sujets. Il en était ainsi dans l'ancien droit, et il était nécessaire de préciser dans le Code que l'on ne s'écartait pas sur ce point des règles anciennes. En effet, le douaire résulte toujours d'une convention : expresse pour le douaire préfix, tacite pour le douaire coutumier (puisqu'on peut stipuler qu'il n'y aura pas de douaire ou qu'il sera préfix) ; or, d'après l'article 8 du Code, les actes s'interprètent d'après la loi du lieu où ils sont passés. Il en résulterait, si le Code ne prévoyait le contraire, que le douaire serait réglé soit par la loi du lieu où aurait été passé le contrat de mariage, soit par celle du lieu où le mariage aurait été célébré.

*
* *

Composition du douaire coutumier. — Le douaire coutumier consiste dans l'usufruit pour la femme, et dans la propriété pour les enfants, de la moitié des biens immeubles dont le mari est propriétaire lors du mariage et de ceux qui lui échoient de ses père et mère et autres ascendants pendant sa durée [1].

Mais, en vertu de l'article 1433 du Code, et conformément d'ailleurs à la règle ancienne, non seulement les immeubles que l'époux possédait lors de la célébration du mariage, mais aussi ceux qui lui appartenaient lors du contrat de mariage, sont sujets également au douaire, même ceux qui ont été aliénés « medio tempore » [2].

En revanche, les immeubles que le mari a ameublis pour les faire entrer dans la communauté ne sont pas sujets au douaire coutumier [3]. Pourquoi ? Parce que seuls peuvent être sujets au douaire les biens qui n'entrent pas dans la communauté, la femme ne pouvant tout à la fois avoir sur un même immeuble un droit de communauté et un droit de douaire. Le premier n'est-il pas d'ailleurs bien plus complet que le second ?

D'un autre côté ne sont pas également sujets au douaire, les

---

(1) *Coutume de Paris*, article 248.
(2) Ferrière, article 248 de la Coutume. — Pothier N° 36.
(3) Laurière sous l'article 248 de la Coutume.

immeubles fictifs se composant d'objets mobiliers que le mari s'est réservés propres, pour les exclure de la communauté (1). Pothier avait donné la raison de cette exception : la « fiction » ayant été faite contre la femme ne peut avoir pour effet de rendre sujets au douaire les biens qui en sont l'objet (2) : « *fictio non operatur ultra casum* », comme dit l'adage romain.

Après la mort de la femme, s'il advient au mari une succession en ligne directe, les enfants ne pourront pas prétendre au douaire coutumier sur cette succession (3). Cela résulte des principes sur lesquels est fondé le douaire. Le douaire est une partie des biens du père acquis aux enfants par la mère ou, pour mieux dire, « c'est la dot constituée à la femme par le mari, dont la propriété est donnée aux enfants par la loi » (4). Le douaire étant donc transmis aux enfants par la mère, il est évident que les successions en ligne directe qu'il recueille après le décès de sa femme ne peuvent être comprises dans le douaire des enfants, ceux-ci n'ayant plus de mère par qui le douaire leur puisse être acquis. Par conséquent, si le père reste veuf, ces biens reviendront à ses héritiers ; s'il se remarie, ils formeront le douaire de la seconde femme dans les conditions précisées par le Code.

Ces conditions sont formulées dans l'article 1436, qui résume les dispositions assez compliquées de la Coutume de Paris (5). Lorsqu'il existe des enfants du premier lit, le douaire coutumier consiste, pour la seconde femme, dans la moitié des immeubles appartenant au mari, au jour de la célébration du second mariage et non affectés au douaire antérieur, ainsi que de ceux qu'il recueille par succession en ligne directe, pendant la durée de ce second mariage.

Le Code ajoute qu'il en est ainsi pour tous les mariages ultérieurs que le père peut contracter, lorsqu'il a des enfants du mariage précédent.

---

(1) Article 1435.

(2) POTHIER N° 26 (qui porte par erreur le N° 32 dans l'édition originale du *Douaire*).

(3) *Coutume de Paris*, art. 253. FERRIÈRE avait vainement soutenu le contraire.

(4) LAURIÈRE sous l'article 253.

(5) Coutume de Paris, articles 253 et 254.

Il faut déduire de ce texte que, s'il existe des immeubles de communauté du premier mariage, le douaire des enfants du second lit comprendra la moitié de ces immeubles, car ils n'ont pas été compris dans le premier douaire (¹).

L'article 254 de la Coutume de Paris règle une situation que le Code n'a pas prévu, et il s'applique en droit canadien, aussi bien en vertu des principes généraux du douaire que par ceux sur le maintien des lois anciennes, pour les cas où le Code n'a pas statué. Si les enfants du premier mariage meurent avant le père, pendant le second mariage, la veuve et les enfants du second mariage n'ont que le douaire qu'ils auraient eu si les enfants du premier mariage avaient vécu. La mort de ces derniers n'augmente pas le douaire de la femme et des enfants du second mariage. Le douaire du premier mariage retourne au père purement et simplement : « douaire sur douaire n'a lieu ». Il en serait autrement si les enfants étaient morts avant le second mariage de leur père (²).

Il résulte de tout ce qui précède qu'à la différence du douaire préfix, le douaire coutumier peut ne porter que sur les immeubles. Mais si le mari ne possède aucun immeuble susceptible d'être affecté au douaire et que le contrat de mariage ne stipule point de douaire préfix, la femme sera privée de tout douaire.

Dans l'ancien droit, la question s'était posée de savoir si la femme ne pouvait prendre le douaire coutumier sur la part de communauté qui revenait aux héritiers du mari. Le cas se présentait alors rarement, et quelques auteurs voulaient que « par équité et selon équitable interprétation » (³), la femme puisse prendre la valeur du douaire sur les biens mobiliers laissés par le mari. Mais cette opinion ne pouvait évidemment prévaloir, étant donnés les termes formels de la Coutume (⁴).

---

(1) Par contre si le père a contracté des dettes pendant son premier mariage, les enfants du second lit n'auront rien à prétendre tant qu'elles ne seront pas payées.

(2) POTHIER Nº 48.

(3) FERRIÈRE sous l'article 247.

(4) Quelques Coutumes accordaient en ce cas à la femme une douaire *subsidiaire* sur les autres biens de son mari. C'est ainsi que la Coutume d'Orléans, art. 221, lui attribuait un quart en propriété de la part du mari des meubles de communauté. La Coutume d'Orléans (art. 257) lui donnait l'usufruit de la moitié.

Composition du douaire préfix. — Le douaire préfix, à défaut de convention contraire, consiste, tout comme le douaire coutumier, dans l'usufruit pour la femme et dans la propriété pour les enfants de la portion de biens meubles ou immeubles qui le constitue d'après le contrat de mariage.

Deux différences le séparent donc du douaire coutumier : il peut porter sur des meubles et il peut être plus ou moins étendu que le douaire coutumier. Il en était de même sous l'empire de la Coutume, tout au moins de la Coutume de Paris, car dans certaines Coutumes, la Coutume d'Orléans par exemple, le douaire préfix ne pouvait excéder le douaire coutumier et les héritiers du mari avaient le droit d'obliger la femme à s'en tenir au douaire coutumier (¹).

En principe donc le douaire préfix ne diffère pas de nature du douaire coutumier. Mais il est permis de le modifier selon la volonté des parties, de stipuler par exemple (²) qu'il appartiendra à la femme en pleine propriété, à l'exclusion des enfants et sans retour, ou que le douaire de ces derniers sera différent de celui de la mère.

Certains auteurs canadiens (³) ont prétendu que cette disposition était contraire à l'esprit de la Coutume de Paris. Je crois, au contraire, qu'elle l'interprète et la précise exactement. Il suffit d'ailleurs de s'en rapporter à Pothier (⁴) : « Non seulement les enfants peuvent être privés du douaire par la convention que la femme n'aura pas de douaire ; on peut aussi dans les Coutumes qui accordent aux enfants la propriété du douaire de la femme (⁵) laisser à la femme son douaire, et convenir que les enfants n'en auront pas la propriété ».

On voit donc que le Code n'a apporté sur ce point aucun changement à la règle ancienne. Au surplus, la clause d'exclusion des

---

(1) Mais en vertu de la réalité du douaire, quand les époux étaient mariés sous l'empire d'une Coutume qui défendait le douaire préfix, la stipulation dans le contrat d'un douaire préfix produisait ses effets pour les biens situés dans le douaire d'une autre Coutume qui admettait le préfix.

(2) Code, article 1437.

(3) BEAUCHAMP, sous l'article 1437 du Code.

(4) POTHIER, *Douaire* N° 295.

(5) POTHIER vise donc la Coutume de Paris. La remarque n'est pas inutile, car dans la Coutume de l'Orléanais, qui tient une grande place dans le traité de POTHIER, les règles du douaire différaient souvent de celles de la Coutume de Paris

enfants doit être formelle. Ainsi, lorsque le contrat de mariage porte simplement que la femme aura « sans retour » ou aura « en propriété » les biens qui forment le douaire, les enfants ne devront pas être privés du douaire.

La question avait été discutée dans l'ancien droit. Il semblait, de prime abord, que les enfants devaient être écartés. Leur douaire consiste en effet dans la propriété des biens affectés au douaire de la femme ; ils ne peuvent donc plus y prétendre, par cela seul que cette propriété est acquise à la femme.

Mais la jurisprudence (¹) avait interprété une pareille convention de la façon suivante : en accordant à la femme la propriété des biens du douaire, les parties étaient considérées comme n'ayant eu en vue que le cas où il n'y aurait pas lieu au douaire des enfants, soit parce que les époux ne laisseraient aucun enfant du mariage, soit parce que les enfants accepteraient la succession de leur père (²). Par conséquent, les parties n'avaient pas eu l'intention de priver du douaire les enfants qui pouvaient naître de leur union.

★
★ ★

Protection du douaire. — Tant que le douaire n'est pas ouvert, tout comme avant la dissolution de la communauté, le droit de la femme ne saurait s'exercer. Mais le mari qui aliène à son gré et dissipe les biens de communauté, ne possède pas le pouvoir d'en agir de même avec les biens sujets au douaire coutumier. La femme est protégée par le Code d'une façon très rigoureuse contre les fraudes ou la mauvaise administration du mari.

En effet, aux termes de l'article 1443, l'aliénation faite par le mari de l'immeuble sujet ou affecté au douaire, non plus que les charges et hypothèques dont il peut le grever, avec ou sans le consentement de sa femme, n'altèrent aucunement le droit de cette dernière ni celui des enfants, à moins qu'il n'y ait renonciation expresse de la

---

(1) RENUSSON, *Douaire* c. II Nº 3.
(2) Voir page 101.

femme à son douaire. Sont également sans effet à l'égard de l'une et des autres, sous la même exception, l'aliénation a nsi faite et les charges ainsi imposées même au nom et avec le consentement de la femme, quoique autorisée de son mari.

Par conséquent, la femme est protégée non seulement contre son mari, mais encore contre elle-même, dans son intérêt et dans l'intérêt des enfants, puisque, même avec son consentement, l'aliénation des immeubles du doua re et l'hypothèque prise sur eux ne sont pas valables.

Le Code se montre sur ce point plus rigoureux et plus prudent que la Coutume. Autrefois, si le mari aliénait avec le consentement de sa femme, l'aliénation n'engageait pas les enfants, mais elle engageait la femme. Cette dernière se trouvait garante de l'acquéreur et ne pouvait par la suite le troubler dans sa jou ssance ; elle perdait donc son usufruit sur les biens aliénés dans ces conditions. Mais à son décès les enfants pouvaient alors entrer en possession de la propriété ; c'était un risque sur lequel les acquéreurs savaient qu'ils devaient compter (¹).

Quel est le motif du changement apporté par le Code ? Il faut le chercher tout s mplement dans l'article 1301, d'après lequel la femme ne peut s'obliger avec son mari qu'en qualité de commune. La garantie qu'elle contracte ou une autre qualité, comme douairière par exemple, est nulle.

Le Code admet cependant une exception. Il est loisible à la femme majeure de renoncer au droit qu'elle possède à titre de douaire coutumier ou préfix, sur les immeubles que son mari vend, aliène ou hypothèque. Cette renonciation, pour être valable, doit se faire en termes formels, soit dans l'acte par lequel le mari vend, aliène ou hypothèque l'immeuble, soit par un acte différent et postérieur.

Cette renonciation a pour résultat de décharger l'immeuble affecté au douaire de toute réclamation que la femme pourrait exercer en qualité de douairière ; de plus, ni elle ni ses héritiers n'ont en com-

---

(1) FERRIÈRE, sous l'article 249 de la Coutume : *De ce que le douaire est le propre des enfants, il s'ensuit que la mère ne peut renoncer à son douaire au préjudice de ses enfants.*

Sur la situation bizarre créée dans l'ancien droit par la renonciation de la mère, voir POTHIER, N° 192.

pensation des droits abandonnés, recours ni récompense sur les autres biens du mari.

Quant au douaire des enfants, il est atteint par la renonciation de la mère ; il ne pourra porter sur les immeubles qui auront été ainsi, au cours du mariage, aliénés ou hypothéqués par leur père, avec la renonciation de leur mère. De même, après la mort de cette dernière, les enfants majeurs pourront également renoncer au douaire, de la même façon qu'il était loisible à leur mère de le faire.

Le Code a donc, au sujet de la renonciation au douaire, pris complètement le contre pied de l'ancien droit. Autrefois, la renonciation de la femme était valable pour elle, nulle pour ses enfants ; aujourd'hui elle est nulle pour elle, sauf si elle intervient dans des conditions déterminées, et alors elle engage également les enfants.

Cette protection du douaire ne va naturellement pas à l'encontre des droits acquis par les tiers avant la constitution du douaire. Aussi, le créancier antérieur au douaire, c'est-à-dire au mariage ou au contrat de mariage, peut-il faire saisir et vendre l'immeuble affecté au douaire (¹).

Prescription. — L'acquéreur, irrégulier de l'immeuble sujet ou hypothéqué au douaire ne prescrit ni contre la femme, ni contre les enfants, tant que ce douaire n'est pas ouvert. Mais du vivant de la mère, à compter du jour de l'ouverture du douaire, la prescription courra contre les enfants majeurs. Ce sera donc, la plupart du temps et en principe, à partir du décès du mari (²).

Douaire mobilier. — Les règles que nous venons d'énoncer ne s'appliquent pas au douaire préfix qui porte sur les biens meubles. A moins qu'une hypothèque conventionnelle n'ait été prise dans le contrat de mariage sur les immeubles du mari en garantie du douaire préfix, la femme n'a de par la loi aucune garantie pour la conser-

---

(1) C.R., 1886, 10-L.M. 153.

(2) *Coutume de Paris*, article 117 : *En matière de douaire, la prescription commence à courir du jour du décès du mari seulement entre âgés ;* dans l'ancienne Coutume, la prescription ne commençait à courir contre les enfants qu'après le décès de leur mère. La raison du changement est simple : quoique l'usufruit soit réservé à la mère, la propriété du douaire est acquise aux enfants, dès la mort du père.

vation du douaire préfix ; elle n'est donc pas sûre d'être payée, et de trouver à l'ouverture du douaire les biens qui y sont affectés, par le contrat de mariage. En cas de déconfiture, la femme et les enfants viennent en contribution sur les autres créanciers du mari, sur les biens qui proviennent de la vente des meubles. Le mari possédait-il des immeubles, la femme ne jouit d'aucun droit de préférence pour le paiement de son douaire, car aucune hypothèque légale ne lui en assure la garantie (¹). Dans l'ancien droit, au contraire, même le douaire préfix était garanti par l'hypothèque légale qui courait du jour du contrat de mariage (²).

⋆⋆⋆

Ouverture du douaire. — Dans la Coutume de Paris, la possession du douaire n'était acquise à la femme qu'après « le trépas » du mari (³). La femme ne pouvait point demander son douaire du vivant de son mari ; c'était un principe incontesté que « jamais mari ne paya douaire (⁴). Le terme même dont à dessein se servait la Coutume, le « trépas du mari », excluait la mort civile comme cause d'ouverture du douaire ; à plus forte raison, ni l'absence ni la déconfiture du mari ne permettait à la femme de se saisir du douaire (⁵). Cependant, dans certains cas, comme il fallait bien pourvoir aux besoins de la femme, les tribunaux se reconnaissaient le droit de lui accorder une pension sur les biens de son mari ; on l'appelait le demi-douaire, parce que, dit Pothier, cette pension était ordinairement réglée « d'environ la moitié du douaire » (⁶).

---

(1) 1891-14-L.N.129. En droit canadien, l'hypothèque légale de la femme mariée ne protège que les successions, legs ou donations recueillis par la femme au cours du mariage (Art. 2029).

(2) Pothier, N° 343.

(3) Coutume, article 257.

(4) Loysel, *Institute Cout,* N° 6.

(5) Quelques Coutumes étaient moins sévères que la Coutume de Paris. L'absence ouvrait le douaire dans la Coutume du Nivernais, la mort civile dans la Coutume de Melun. Quant à la déconfiture, la Coutume du Nivernais décidait : *Si le mari vient à pauvreté évidente ou échet en évident inconvénient par lequel ses biens soient en voie de périr,* et la Coutume du Maine (art. 331) : *Si le mari est dissipateur et ses biens sont vendus,* la femme pouvait se pourvoir en justice à l'effet d'obtenir son douaire.

(6) Pothier, N° 155.

Le Code à suivi le principe posé par la Coutume de Paris (¹). Le douaire est un gain de survie qui est ouvert par la mort naturelle (²) du mari. Mais la femme peut exiger l'ouverture de son douaire en cas d'absence du mari (³) sous les conditions des règles qui gouvernent l'absence.

Un tempérament a été cependant apporté à la rigueur de la Coutume : le douaire peut être ouvert et rendu exigible par la séparation soit de corps, soit de b'ens seulement, lorsque cela a été stipulé dans le contrat de mariage. La Jurisprudence canadienne a sur ce point interprété strictement le Code et elle juge que le prédécès seul du mari donnant lieu à l'ouverture du douaire, il faut, pour l'ouvrir dès la séparation, une « stipulation très formelle » et une « renonciat'on très expresse » aux dispositions de la Coutume de Paris (⁴)

Si rien n'a été stipulé dans le contrat de mariage, la femme peut seulement, tout au moins dans le cas de la séparation de corps, obtenir du Tribunal une pension alimentaire (⁵).

Aucune autre cause ne peut ouvrir le douaire. Cela a été jugé, notamment en matière de faillite. La femme du failli n'a pas le droit de réclamer son douaire sur la masse des biens de son mari en faillite et les lois françaises qui régissent le douaire ou matières y participant ne peuvent être changées par les lois passées par le Parlement fédéral et particulièrement par les lois de faillite (⁶).

Saisine. — La femme et les enfants sont saisis de plein droit du douaire, à compter du jour de son ouverture, sans qu'il soit nécessaire d'en faire la demande en justice. Le Code a suivi la Coutume

---

(1) Article 1438.

(2) Cette précision avait son intérêt avant la loi qui a abrogé la mort civile.

(3) C'est-à-dire au bout de cinq ans après les dernières nouvelles, mais le Tribunal peut réduire ce laps de temps si les circonstances permettent de supposer la mort de l'absent.

(4) C.B.R. 1845-1 R. de L. 1222.

16 R.J.R.Q.14.

(5) Peu importe d'ailleurs que la séparation ait été prononcée contre elle ou en sa faveur, mais il faut naturellement que ses biens personnels soient insuffisants pour son entretien. Ct. art. 301 du Code Napoléon.

(6) 1 R.L. 243, 474.

de Paris (¹). Dans d'autres Coutumes, au contraire, la femme et les enfants étaient obl'gés, le douaire une fois ouvert, de s'en faire faire la délivrance par les héritiers du mari (²).

La différence a son importance, au point de vue des fruits du douaire. Ceux-ci sont dus du jour du décès du mari, au lieu d'être dus du jour de la demande en délivrance. Ceci, toutefois, n'est vrai qu'à l'égard des acquéreurs de bonne foi des immeubles affectés au douaire. Ils ne doivent les fruits qu'à partir du jour de la demande, conformément aux principes généraux énoncés à propos de l'accession et identiques à ceux du Code Napoléon.

Si donc la femme est vivante lors de l'ouverture du douaire, elle entre tout de suite en jouissance de son usufruit, ce n'est qu'à son décès que les enfants pourront prendre possession de la propriété des b'ens qui le composent.

La femme au contraire est-elle morte avant son mari, les enfants jouissent du douaire en propriété dès l'instant de son ouverture. Mais si, à la mort du mari, il n'y a aucun enfant ou petit-enfant vivant, né du mariage, le douaire est éteint et reste dans la succession du mari.

Du fait que le douaire des enfants s'ouvre en même temps que celui de la mère, il résulte que dès le moment de son ouverture, les enfants le transmettent dans leur succession. Par conséquent, si l'enfant ne meurt qu'après l'ouverture du douaire, celui-ci va à ses héritiers au lieu de rester, comme au cas précédent, dans la succession du mari.

Sur quels biens se prend le douaire ? Nous avons vu qu'il affectait les biens personnels du mari. Tout dépend donc du parti de la femme, relativement à la communauté. L'accepte-t-elle, le douaire se prend sur la moitié et sur les autres biens du mari ; si elle la refuse, tous les biens communs appartiennent alors au mari et le douaire se prend sur tous, sauf, ainsi que nous l'avons vu plus haut;

---

(1) *Coutume de Paris*, article 256 : *Douaire saisi, sans qu'il soit besoin de le demander en jugement. Et courent les fruits et arrérages du jour du décès du mari.*

(2) *Coutume de Normandie* : *Douaire n'est dû, sinon du jour qu'il est demandé.*

l'effet des droits des créanciers hypothécaires antérieurs au mariage et à la constitution du douaire (¹).

⁎⁎

Dispositions particulières au douaire de la femme. — Au cas où le mari a fait à sa femme une donation d'usufruit, l'effet de cette libéralité ne se confond pas avec le douaire préfix, avec lequel elle n'est pas incompatible. Comme le dit l'article 1450 du Code, qui a copié textuellement l'article 257 de la Coutume, la femme jouit de ses biens contenus dans la donation et prend son douaire sur le surplus, « sans diminution ni confusion ».

C'est une conséquence de l'article 1440 qui veut que le douaire se prenne sur les biens du mari seul. La Coutume ne visait que le cas de don mutuel, les auteurs en avaient tiré la conséquence que « douaire n'est pas confus par le don » (²).

Il importe de bien comprendre le sens de cette disposition qui ne vise que le douaire préfix. Si une femme est, par son contrat de mariage, donataire de l'usufruit des biens que son mari laissera lors de son décès, il est évident que le douaire n'a plus d'objet pour elle. Il lui devient en effet inutile et Pothier nous explique fort clairement « qu'elle n'a plus besoin du douaire coutumier, pour jouir de la moitié » des biens de son mari, « ayant le droit de jouir de tous » (³).

Mais la femme peut être douairière de certains biens et donataire d'autres biens de son mari. C'est ce que décide le Code ; donataire de l'usufruit de la part de la communauté revenant à son mari, la femme sera douairière des biens propres laissés par son mari. On peut à la fois avoir « don et douaire » (⁴).

On ne voit pas bien d'ailleurs, pourquoi après la Coutume, le Code a cru devoir formuler une solution qui paraît évidente. Le douaire coutumier se prend sur les biens propres du mari, par définition, puisqu'il affecte des biens qui ne tombent pas en commu-

---

(1) Voir page 94.
(2) FERRIÈRE, sous l'article 257.
(3) POTHIER, N° 264.
(4) Il y avait cependant des Coutumes (Bretagne, Anjou, Maine) où la femme ne pouvait être donataire et douairière.

nauté. Par conséquent, il ne pourra jamais y avoir confusion du douaire coutumier avec une donation de l'usufruit des biens de communauté. Et pourquoi en serait-il autrement du douaire préfix, alors surtout que le Code prend soin, à l'article 1440, de stipuler que le douaire préfix se prend également sur les biens du mari seul ?

Obligations de la douairière. — La douairière est soumise à toutes les règles relatives à l'usufruit, à toutes les obligations qui incombent à l'usufruitier. Elle n'est cependant tenue de donner caution, que si elle se remarie (¹).

Elle prend les choses sujettes au douaire dans l'état où elles se trouvent lors de l'ouverture. Avant le Code, on prétendait, d'après Pothier (²), que la femme avait le droit de forcer les héritiers à faire les réparations nécessaires lors de son entrée en jouissance ou de les faire faire au compte de la communauté, si elle l'acceptait. Mais les codificateurs déclarèrent « n'avoir pas vu de motifs valables d'accorder à la femme un privilège refusé à tout usufruitier ».

Cependant Pothier n'avait-il pas raison ? Le mari, en se mariant, contracte envers sa femme l'obligation de lui laisser après sa mort l'usufruit des héritages assignés au douaire. Cette obligation renferme une obligation secondaire, de faire toutes les réparations d'entretien jusqu'à l'ouverture du douaire et de conserver les immeubles en bon état, de façon de permettre à la femme de jouir dans des conditions normales de l'usufruit qu'elle recueillera à la mort de son mari. Ce n'est pas du droit d'usufruit que naîtrait l'action de la douairière pour obliger les héritiers du mari à faire les réparations qui se trouvent nécessaires à la mort de son mari ; elle naîtrait de l'obligation personnelle que le mari a contractée envers elle en l'épousant. Les rédacteurs du Code ne semblent pas avoir aperçu cette distinction qui n'avait pas échappé à nos anciens auteurs.

La douairière doit respecter, dans les limites du droit commun, les baux en cours passés par son mari. Cette question, résolue par le Code dans le sens moderne était, dans l'ancien droit, très discutée.

---

(1) *Coutume de Paris,* art. 264 : *Si elle convole en autre mariage, sera tenue bailler bonne et suffisante caution.*
(2) POTHIER N° 289.

Pothier, qui tient pour le maintien des baux (¹), n'oppose guère à l'opinion alors dominante qu'une raison de bienséance, celle de ne pas exposer les héritiers du mari à des recours en garantie de la part des fermiers et des locataires. Mais à cette époque, juridiquement, la douairière ne pouvait être forcée de continuer les baux en cours, on sait qu'un acheteur ne l'était pas lui-même. Mais, sous l'empire des idées modernes, la question ne pouvait plus être discutée.

Perte du douaire. — La femme peut être privée de son douaire, d'abord pour des raisons d'ordre moral. Elles sont au nombre de deux : l'adultère (²) et l'abandon du domicile conjugal (art. 1463).

L'article 1463 établissant une déchéance, doit être interprété restrictivement. Aussi, la séparation de corps prononcée contre la femme pour une cause autre que l'adultère ou l'abandon du domicile conjugal, n'affecte pas le droit de la femme au douaire (³).

C'est ainsi que l'inconduite de la femme après la mort de son mari, surtout dans l'année qui suivait, était considérée dans l'ancien droit comme une cause de perte du douaire (⁴). Avant le Code, la jurisprudence canadienne avait suivi sur ce point la règle ancienne (⁵). Mais cette cause doit aujourd'hui être écartée, devant les termes de l'article 1463 (⁶).

Même dans les cas d'adultère et d'abandon du domicile conjugal, la privation du douaire est d'ailleurs soumise à des règles très strictes. Dans un cas comme dans l'autre, il faut que le mari ait entendu se prévaloir des dispositions de la loi, sans qu'il y ait eu depuis reconciliation, et les héritiers ne peuvent que continuer l'action commencée par le mari à condition qu'il ne l'ait pas abandonnée (⁷).

______

(1) POTHIER Nº 229.

(2) *Adultère supprime douaire* (FERRIÈRE sous le titre XI de la Coutume).

(3) D'autre part il ne faut pas oublier que le douaire n'est pas une donation : il s'ensuit que les dispositions du Code d'après lesquelles l'époux contre qui la séparation de corps est prononcée, perd tous les avantages à lui consentis par son conjoint, ne sont applicables au douaire.

(4) POTHIER Nº 258.

(5) C.R.1857 — 7.L.C.R.391.

(6) MIGNAULT. op. cit. VI. 450

(7) Coutume de Tours, art. 336 : *Femme noble ou roturière qui forfait en son mariage, perd son douaire, s'il y a eu plainte faite par le mari en justice, autrement ne pourra l'héritier faire querelle après la mort du mari.*

La réconciliation doit être réelle : une femme qui abandonnerait son mari et qui, instruite de la maladie de ce dernier, ne reviendrait que lorsqu'elle apprendrait qu'il va mourir, ne saurait évidemment faire état d'une réconciliation.

Il est nécessaire, d'autre part, que l'abandon de la femme soit injurieux. Il perd ce caractère lorsqu'il est provoqué par la conduite du mari. Le fait que le mari, par exemple, a vécu en concubinage au domicile conjugal est suffisant pour autoriser sa femme à vivre séparée de lui, et l'abandon du mari à son lit de mort est dans ce cas justiciable [1].

Dans un autre ordre d'idées, la femme peut également être déclarée déchue de son douaire pour abus de jouissance, à moins que dans ce cas on ne l'oblige simplement à donner caution.

Si la femme est déclarée déchue de son douaire pour une raison ou pour une autre, ou bien si, après l'ouverture du douaire, elle y renonce purement et simplement, les enfants douairiers prennent la propriété des biens affectés au douaire, à compter du jour de la déchéance ou de la renonciation de leur mère. Il nous reste à examiner dans quelles conditions.

⁎⁎

Douaire des enfants. — Les enfants auxquels le douaire est dû sont ceux issus du mariage pour lequel il a été contracté. Par conséquent, y ont seuls droit les enfants légitimes, les enfants légitimés par le mariage subséquent de leur père et mère, ainsi que par l'effet de la représentation, les petits enfants dont le père est décédé avant l'ouverture du douaire.

Une condition essentielle domine l'attribution du douaire des enfants. Pour prendre part au douaire, l'enfant doit renoncer à la succession de son père ; celui qui accepte la succession est exclu du douaire : « Nul ne peut être héritier et douairier ensemble. » [2].

Cette règle se comprend aisément. Des enfants venant à la succession de leur père ne peuvent avoir aucun avantage les uns sur les

---

(1) 16.R.L.542.
(2) *Coutume de Paris*, article 251.

autres ; par conséquent, l'enfant qui accepterait le douaire devra't aussi le rapporter.

Cette raison ne peut s'appliquer, il est vrai, s'il n'y a qu'un seul enfant. Pothier en donne alors une autre (1). Le douaire est une dette de la succession du père ; l'enfant héritier est débiteur de toutes les dettes de la succession paternelle ; *il ne peut donc être en même temps créancier de cette dette qui « étant donnée sa qualité d'héritier, est sa propre dette »*. Il recueillera, il est vrai, les biens du douaire comme héritier, mais le résultat ne sera pas le même que s'il ava't pu être à la fois héritier et douairier. Héritier, il est tenu de toutes les dettes de la succession ; douairier, il n'est pas tenu des dettes contractées par le mariage, et seulement hypothécairement des dettes antérieures à l'établissement du douaire (2).

L'enfant n'est même pas admis à accepter provisoirement la succession sous bénéfice d'inventaire (3). Et même s'il renonçait ensuite à la succession, il aurait cependant perdu tout droit au douaire.

Ce n'est pas tout. Pour pouvoir se porter douairier, l'enfant est tenu de rapporter à la succession de son père tous les avantages qu'il a reçus, en mariage ou autrement, ou moins prendre dans le douaire (article 1468, reproduction de l'article 252 de la Coutume).

On comparait dans l'ancien droit le douaire à la légitime. Et de même que tout ce qu'un père donnait à ses enfants s'imputait sur leur légitime, de même tous les avantages qu'ils recevaient allaient en déduction du douaire. Au contraire de la femme, l'enfant ne pouvait avo'r don et douaire.

On allait même jusqu'à décider (4) que la clause de non rapport était nulle. Cela était logique car on ne pouvait être alors, dans la

---

(1) POTHIER N° 350. Voir aussi FERRIÈRE sous l'article 251.

(2) Les enfants douairiers sont dans la même situation que la douairière.

(3 Dans l'ancien droit, on admettait un tempérament. Vis à vis des autres enfants, l'acceptation de la succession paternelle sous bénéfice d'inventaire était une clause d'exclusion du douaire. Mais il n'en était pas ainsi à l'égard des créanciers de la succession.

En effet, il n'y avait pas, en ce cas, confusion des qualités de créancier et de débiteur dans la personne de l'enfant, et quant à l'objection résultant de l'obligation de rapporter le douaire, ce rapport n'est pas dû aux créanciers (POTHIER N° 351).

(4) FERRIERE, article 252 N° 1.

ligne descendante, à la fois donataire et héritier (¹). On déduisait de ce principe qu'on ne pouvait être non plus donataire et douairier.

Au contraire, depuis le Code Civil, si les dons et legs ont été faits *expressément par préciput et hors part*, l'héritier n'est pas tenu de les rapporter. Mais en est-il de même en matière de douaire? *La* raison de douter, c'est que l'article 1468, qui établit le principe de *l'obligation du rapport*, ne reproduit pas la réserve de l'article 712 qui édicte la même obligation pour les dons et legs.

Les parties peuvent-elles déroger à l'article 1468?

La doctrine canadienne (²) fait une distinction. Si la dispense de rapport est stipulé dans le contrat de mariage des père et mère, elle doit être considérée comme valable. En effet, les conventions des parties sont absolument libres, lorsqu'il s'agit de déterminer le douaire préfix. Ce douaire peut avoir plus d'extension que le douaire coutumier, sans cesser pour cela d'être une simple convention de mariage. Et puisque le mari peut comprendre dans le douaire — dont ses enfants recueilleront l'entière propriété — une portion quelconque de ses biens, on ne voit pas pour quelle raison il ne pourrait dispenser du rapport des enfants douairiers.

Mais la dispense de rapport serait nulle, si elle était contenue dans une donation postérieure au contrat de mariage qui a fixé le douaire. Car cette dispense aurait indirectement pour effet d'augmenter le douaire et, partant, constituerait une modification du contrat de mariage. Or il n'est pas permis de modifier les conventions matrimoniales.

Le rapport est-il dû du jour du décès du père ou du jour du décès de la mère? Du père évidemment, puisqu'il est fait à la succession du père; cela ne souffre pas de difficultés. Il ne doit pas en être de même lorsque c'est le père qui prédécède.

Partage du douaire. — Les biens composant le douaire se partagent *entre les enfants et petits-enfants y ayant droit*, de la même façon que si ces biens leur étaient échus par succession. Il en était ainsi

---

(1) Je ne m'occupe bien entendu que de la Coutume de Paris qui était une Coutume de *simple égalité.*
(2) MIGNAULT op. cit. VI p. 463.

dès l'ancien droit (¹), car, dit l'article 250 de la Coutume « en douaire n'y a pas droit d'ainesse » (²).

Les parts des enfants qui renoncent au douaire restent dans la succession et n'augmentent pas celles des autres enfants qui s'en tiennent au douaire. On disait dans l'ancien droit, qu'il n'y avait pas d'accroissement ; la raison en était que les enfants prennent le douaire « jure contractus » et non pas « jure successionis » et il ne peut y avoir accroissement qu'entre héritiers, l'accroissement n'ayant aucune raison d'être dans les contrats.

---

(1) Toujours pour la raison que le douaire était considéré comme l'acquit d'un engagement.

(2) La Coutume de Normandie faisait exception : l'aîné avait une part plus grande dans le douaire (Art. 402).

CHAPITRE V

SUCCESSIONS — TESTAMENTS — DONATIONS

Dévolution des successions. — La saisine. — Les rapports. — Testaments et legs. — Substitution. — Prohibition d'aliéner. — Donations. — Règles générales. — L'Institution contractuelle.

Nous savons que la Coutume de Paris était une Coutume de côté et ligne. Pour succéder à un propre, il fallait être le plus proche parent du défunt du côté d'où venait ce propre. La maxime était : « Paterna paternis... » et pour succéder aux propres qui étaient venus au défunt du côté de sa mère, il fallait être parent du côté de la mère.

Règles simples en théorie ; en pratique il était souvent difficile de découvrir qui avait mis les propres en question dans la famille du défunt. En somme, le successeur aux propres, lorsque le défunt n'avait pas laissé de descendants, c'était son parent le plus proche, qui était en même temps parent de celui qui avait mis le propre dans la famille. Le propre était d'ailleurs l'immeuble échu par succession, donation ou legs.

Mais l'article 599 a modifié radicalement l'ancien droit. Tout comme le Code Napoléon, le Code de Québec ne considère ni l'origine, ni la nature des biens pour en régler la succession.

Tous ensemble ils ne forment qu'une seule et unique hérédité qui se transmet et se partage d'après les dispositions de la loi ou suivant qu'en a ordonné le propriétaire.

Dévolution de la succession. — Remarquons tout de suite qu'en vertu de l'article 64 les enfants naturels ne succèdent pas. Ils ont seulement droit à des aliments, lorsqu'ils sont reconnus (art. 240) ; ces aliments ne leur sont d'ailleurs accordés que suivant les conditions ordinaires ; il faut donc que les enfants naturels se trouvent dans le besoin. « Bâtards ne succèdent point ». Nous verrons cependant que s'ils n'ont droit à rien de plus, ils peuvent recevoir beaucoup plus.

La seule succession irrégulière est celle qui est dévolue au Souverain. L'époux survivant est un successeur légitime. Par conséquent l'époux héritier n'a pas à se faire envoyer en possession. Cela depuis la loi de 1915 qui a modifié profondément la dévolution des biens. Sous cette double réserve, les principes de l'article 724 du Code Napoléon sont ceux du droit canadien qui le reproduit intégralement. Elle est actuellement la suivante (art. 614-630).

L'épouse succède à son mari et le mari à son épouse, lorsque le défunt est sans postérité et sans père ou mère vivants ou sans parents collatéraux jusqu'aux neveux et nièces du premier degré.

Si le défunt laisse un époux successible et une postérité, l'époux survivant succède pour un tiers et les enfants héritent des deux tiers qu'ils se partagent par égales portions (¹).

Si le défunt est mort sans postérité mais laisse un époux successible et un père et une mère, ou l'un ou l'autre, et des parents collatéraux jusqu'aux neveux et nièces du premier degré, l'époux survivant hérite d'un tiers, les père et mère survivant d'un tiers, et les collatéraux du dernier tiers.

Si le défunt est mort sans postérité mais laisse un époux successible et un père ou une mère, ou les deux, mais n'a pas laissé de parents collatéraux du degré susvisé, l'époux survivant succède pour la moitié, et l'autre moitié est dévolue aux père et mère.

---

(1) Par conséquent, dans ce cas, les ascendants n'ont droit à rien.

Si le défunt est mort sans postérité et ne laisse ni père ni mère, mais laisse un époux successible et des parents collatéraux, l'époux survivant succède pour la moitié, et l'autre moitié est dévolue aux collatéraux.

S'il n'y a pas d'époux survivant successible, les enfants ou leurs descendants succèdent à leur père et mère.

La nouvelle loi a eu pour but d'accorder à la femme des droits successoraux plus étendus.

A la différence de notre droit, on voit que la vocation du conjoint consiste non seulement dans un usufruit, mais dans un droit de propriété important, d'autre part il concourt même avec les enfants.

Cependant le législateur a apporté des conditions assez dures par ailleurs qui réduisent singulièrement la portée de la loi de 1915.

Tout d'abord l'époux survivant est exclu de la succession lorsque l'époux prédécédé est mort en minorité. Au fond, on ne voit pas trop pourquoi.

De plus et surtout, dans tous les cas où il existe soit père ou mère, soit enfants, soit collatéraux privilégiés, l'épouse, pour pouvoir succéder à son mari, doit renoncer à tous ses droits dans la communauté de biens qui peut avoir existé entre eux, ainsi qu'à tous les droits de survie qui lui échoient par son contrat de mariage, ou par la loi, y compris le douaire. Quant au mari, il ne peut succéder à son épouse qu'en retournant d'abord à la masse, comme s'il s'agissait d'un rapport, sa part dans la communauté, au cas d'acceptation de la communauté par la succession de la femme, ou bien il doit abandonner à la masse tous les droits ou avantages que peut lui conférer le contrat de mariage qui a pu exister entre eux.

Le sort du conjoint apparaît de ce chef bien moins favorable ; beaucoup moins finalement dans de nombreux cas, que celui qui lui est fait par la loi française. Chez nous, en effet, si le conjoint doit imputer sur sa part les libéralités à lui faites par son conjoint, il peut ensuite cumuler précisément sa part dans la communauté, et tous les avantages matrimoniaux ou légaux auxquels il peut avoir droit (1).

______

(1) PLANIOL III. N° 879. COLIN et CAPITANT III. P. 420 : *Sauf probablement dans le cas où ces avantages seraient de nature à préjudicier à des enfants d'un premier lit.*

La situation nouvelle du conjoint survivant peut même paraître sévère. Il n'aura avantage à accepter sa part de succession que dans des cas assez rares. Supposons une communauté de 100.000 francs, lo mari décède en laissant 100.000 francs d'immeubles propres. Le conjoint a droit au tiers successoral, si la femme renonce à la communauté et au douaire, elle recevra approximativement 66.000 en pleine propriété. Mais elle préférera évidemment accepter la communauté et le douaire, pour avoir 50.000 en pleine propriété et l'usufruit sur 50.000 francs, comme douaire. En France, elle recueillera't dans le même cas 50.000 francs de communauté, plus l'usufruit du quart sur les biens du mari, soit sur 37.500 francs.

En matière de successions collatérales, le Code a reproduit les règles du Code Napoléon.

Saisine. — L'article 607 reproduit le sens de l'article 318 de la Coutume : « Le mort saisit le vif ».

La saisine est « l'investiture légale et instantanée des droits actifs et passifs du défunt » (1). La saisine fut introduite pour soustraire la propriété aux exigences féodales. Les seigneurs prétendaient qu'ils avaient été à l'origine propriétaires de tous les biens situés dans le territoire de leur seigneurie, et qu'ils en avaient gardé le douaire direct après les avoir inféodés. De là, les feudistes avaient conclu que le vassal était censé remettre en mourant la possession de ses biens à son seigneur ; en conséquence, ses héritiers devaient demander à celui-ci la délivrance de la succession, et payer pour l'obtenir les droits de relief pour les fiefs, et de rachat ou de saisine pour les tenures.

C'est pour échapper au paiement de ces droits que les légistes imaginèrent une fiction destructive de la fiction seigneuriale, et en vertu de laquelle le vassal décédé était censé avoir lui-même, au moment de sa mort, mis ses héritiers en possession de sa succession, ce qui les dispensait de l'obligation de demander la délivrance au seigneur : « Comme ces droits de relief ou de saisine étaient odieux, on introduisit que toute personne décédée serait réputée avoir remis

---

(1) MIGNAULT. *Le Droit Civil Canadien,* IV. — Nous donnons à dessein une définition canadienne de la saisine.

en mourant la possession de ses biens entre les mains de son plus proche parent habile à lui succéder, et non entre les mains d'aucune autre personne, d'où est venu la règle : « Le mort saisit le vif » (Laurière 318) (¹).

Les héritiers sont saisis de plein droit par l'opération de la loi seule, alors même qu'ils n'auraient aucunement manifesté la volonté de l'être, alors même qu'ils ne sauraient pas qu'ils sont appelés à la succession. Mais comme l'héritier n'acquiert pas ces biens individuellement, mais le patrimoine auquel ils sont attachés et dont ils ne sont qu'une dépendance, et comme ce patrimoine comprend les dettes et les biens, il s'ensuit que l'héritier succède aux dettes comme il est saisi des biens (²).

Non seulement l'héritier canadien succède de plein droit et même à son insu aux droits du défunt, ainsi qu'à ses obligations, mais il succède même à sa possession ; dans le droit romain, jamais un héritier n'aurait pu intenter un interdit possessoire à raison de la possession qu'avait eue le défunt ; il fallait qu'il eut pris lui-même possession des choses comprises dans la succession pour exercer les interdits possessoires à cet égard. Au Canada, au contraire, et comme en France d'ailleurs, si un défunt est mort dans des conditions telles qu'il aurait pu intenter une action possessoire, ses héritiers peuvent l'intenter comme lui, parce que l'héritier est saisi de plein droit, même des actions qui appartenaient au défunt, et il succède à sa possession comme à ses droits et à ses obligations.

---

(1) Rapprocher : Percerou. *La liquidation du passif héréditaire*, Paris 1906 : le savant professeur considère à bon droit que la vieille fiction de la saisine n'a plus aujourd'hui aucune utilité.

(2) Voyez cependant Colin et Capitant, III p. 451.

L'obligation aux dettes ne procède-t-elle pas plutôt de l'idée de continuation de la personne ? On l'admet volontiers en France : les légataires universels, quoique n'ayant pas en principe la saisine, sont, en effet, cependant tenus des dettes *ulta vires*. Cet argument semble, à première vue, étranger au droit canadien, qui confère la saisine à tous les légataires sans exception. Ce n'est là qu'une apparence, car nous en arrivons à conclure finalement ceci : l'héritier ou le légataire continue la personne du défunt dans la mesure où il lui succède dans la propriété de son patrimoine, et le mot *saisine* constitue simplement, en droit canadien, l'expression juridique de cette continuation. Saisine, continuation de la personne du défunt, au Canada c'est la même chose. En France, nous n'avons été obligés de les différencier que parce que la saisine n'est pas accordée à tous les légataires.

Du principe posé par l'article 607, il résulte que, lorsqu'il est établi qu'un individu est héritier et que la succession est ouverte, il n'a pas pas besoin de prouver qui l'a acceptée, parce qu'il est héritier par l'opération de la loi seule, et indépendamment de toute acceptation. Ceci est important lorsqu'il s'agit d'un mineur. Le tuteur peut être poursuivi pour une dette provenant d'une succession, même avant d'avoir obtenu l'autorisation du tribunal d'accepter. L'article 607 ne distingue pas entre le majeur et le mineur. Il déclare que tous les héritiers légitimes sont saisis de plein droit, indépendamment de toute acceptation (¹).

L'héritier n'est pas saisi de ce qui a été légué, soit à titre universel, soit à titre particulier.

Les successeurs irréguliers ne sont tenus qu' « intra vires » parce qu'ils ne continuent pas la personne du défunt. Ils peuvent délaisser parce qu'ils sont tenus « propter lem » tandis que l'héritier légitime, même bénéficiaire, ne peut délaisser. Ceci est contraire à l'article 802 du Code Napoléon.

Les héritiers ont droit aux intérêts que produisent les legs particuliers, tant que ces legs n'ont pas été acquittés (²).

L'article 683 stipule qu'en ligne collatérale de même qu'en ligne directe, l'héritier qui accepte sous bénéfice d'inventaire, n'est pas exclu par celui qui offre de se porter héritier pur et simple. Il brise avec l'article 342 de la Coutume qui voulait que l'héritier pur et simple qui, en ligne directe n'exclut pas le bénéficiaire, lui soit préféré en ligne collatérale.

Rapports. — Le droit canadien ignore la modification que la loi du 24 mars 1898 a apportée à notre article 843 : par conséquent les legs ne sont pas dispensés du rapport et ne sont réputés hors part que s'il y a stipulation expresse.

L'article 716 est conforme à l'article 308 de la Coutume de Paris. Le petit-fils venant à la succession de son aïeul est toujours tenu de rapporter ce qui a été donné à son père. Au contraire, l'article 848

(1) Langelier I, 358.
(2) M.C.R. 3 C.S. 190.

Napoléon décide que le rapport n'est pas dû si le fils succède de son chef.

L'article 715 stipule que les dons et legs faits au fils de celui qui se trouve successible à l'époque de l'ouverture de la succession sont sujets au rapport. Le père venant à la succession du donateur ou testateur est tenu de les rapporter.

C'est l'application de l'article 306 de la Coutume, et exactement le contraire de notre article 847.

La raison est la suivante : le père et l'enfant sont à cet égard réputés une même personne, car les avantages faits au petit-fils par l'aïeul sont réputés faits en considération du fils et le petit-fils ne peut venir à la succession de son aïeul que par « représentation » de la personne de son père, et partant il est tenu du rapport comme il serait s'il vivait et qu'il fut héritier de son père (1).

L'obligation de rapporter les dons et legs faits pendant le mariage soit à l'époux successible, soit à son conjoint seul, soit à l'un et à l'autre « dépend de l'intérêt qu'y a l'héritier successible et du profit qu'il en retire, d'après les règles exposées au titre des conventions matrimoniales, quant à l'effet des dons et legs faits aux conjo'nts pendant le mariage (art. 717).

Ce texte assez embrouillé signifie ceci : si l'héritier successib'e profite seul de tout le don, il devra le rapporter en entier, s'il ne profite que d'une part, de la moit'é par exemple, il ne rapportera que cette portion, si enfin l'autre époux est seul à profiter du don ou du legs l'héritier ne rapporte rien.

L'article 728 reconnaît, dans tous les cas, au donataire, le droit de rapporter les immeubles à son choix en nature ou en moins prenant d'après estimation. La solution adoptée par le droit Canad'en est ainsi bien plus claire que celle de nos articles 859 et 860. Elle est présentée comme droit nouveau, mais c'est à tort : « D'après l'article 305 de la Coutume qui sous ce rapport formait en France le droit commun, le donataire était toujours tenu de rapporter l'immeuble donné à moins qu'il ne l'eut aliéné (ce qu'il avait le droit de

---

(1) FERRIÈRE 308.

faire) ou à moins qu'il n'y eut dans la succession d'autres immeubles d'à peu près la même valeur qui pussent être donnés en partage aux autres héritiers ».

Mais Ferrière, 305 : « La Coutume donne le choix aux enfants avantagés de faire le rapport en espèce ou en essence... Quoique dans la succession il n'y eut point d'autres héritages, mais seulement des meubles et effets mobiliaires, rentes et autres biens, ceux qui auraient reçu des héritages ne seraient pas tenus de les rapporter en espèce, mais seulement en essence, c'est-à-dire d'en rapporter la valeur et l'estimation, à l'effet de moins prendre jusqu'à due concurrence, et tel est l'usage ».

Si le rapport se fait en nature, si l'immeuble rapporté a été affecté d'hypothèques au charges, les copartageants ont droit à ce que le donataire ou légal les fasse disparaître, s'il ne le fait, il ne peut rapporter qu'en moins prenant.

Les parties peuvent cependant convenir que le rapport aura lieu en nature, ce qui se fait sans préjudice aux créanciers hypothécaires dont la créance est chargée en rapportant dans le partage de la succession.

Cette dernière disposition est remarquable, elle déroge en effet d'une façon très nette aux principes généraux, même du droit canadien, d'après lesquels l'hypothèque sur une portion indivise d'un immeuble ne subsiste qu'autant que le partage le débiteur demeure propriétaire de l'immeuble (1).

La garantie du créancier hypothécaire est donc absolue, au lieu que chez nous, les créanciers n'ont que la ressource d'intervenir au partage. S'ils ne le font pas, leurs droits peuvent être perdus ; l'article 731 du Code Canadien assure protection d'une façon automatique.

Paiement des dettes: — La prescription de trois ans édictée par notre art. 880 est inconnue en droit canadien. Le droit des créanciers et des légataires de demander la séparation du patrimoine du défunt d'avec celui des héritiers et légataires universels, peut être exercé tant que les biens existent dans les mains de ces derniers, aussi bien

---

(1) Art. 20-21.

pour les immeubles comme chez nous (¹) que pour les meubles. La
solution française vient du droit romain où la prescription était de
cinq ans. La solution canadienne est conforme à la Coutume de
Paris (²).

Le Code sauvegarde encore davantage les droits du créancier. Si
le créancier n'a pu intervenir ou si, se fiant à la bonne foi des parties, il n'a pas jugé à propos de le faire, pourquoi lui refuser, plutôt
qu'à tout autre, comme notre article 882, la faculté de se plaindre
d'un acte frauduleux ? L'article 745 met le partage sur le même
pied que les autres actes faits en fraude.

*
* *

Testaments. — Le mineur de 21 ans est incapable de tester pour
aucune partie de ses biens. Le Code a suivi la règle de la Coutume
de Paris (³) qui exigeait la majorité pour être capable de tester.

Le droit du testateur est sans limites ; la loi de 1801 d'inspiration
anglaise a modifié l'ancien droit par l'abolition des réserves coutumières, la faculté de faire des legs à son conjoint, la liberté de faire
des legs autres que des legs d'aliments aux concubins et aux enfants
adultérins ou incestueux, celle de faire des dispositions universelles
en faveur des enfants naturels simples.

Legs. — D'après l'article 891 le légataire, à quelque titre que ce
soit, est par le décès du testateur ou par l'événement qui donne effet
au legs, saisi du droit à la chose léguée dans l'état où elle se trouve,
et des accessoires nécessaires qui en forment partie, ou du droit
d'obtenir le paiement et d'exercer les actions qui résultent de don
legs, sans être obligé d'obtenir la délivrance légale.

Cette extension de la saisine est contraire à l'ancien droit.

---

(1) Il est à peine besoin d'ajouter que jamais la jurisprudence canadienne
n'a accordé au créancier de la succession le droit de suite sur les immeubles.
Nous savons au contraire que, malgré les protestations de la doctrine, la
jurisprudence française, convaincue par des arguments superficiels, avait
décidé le contraire. Je dis « avait » car, depuis le remarquable arrêt de
Bordeaux de 1911, on peut espérer enfin un revirement définitif.

(2) POTHIER, *Successions.* C. 5, art. 4. — ARGOU, *Introduction au droit français,* II p. 413.

(3) Art. 293, *Coutume de Paris.*

Elle fait disparaître toute différence entre les diverses catégories d'héritiers ou de légataires et dans la proportion de leur vocation les met tous sur le même plan : la personne du défunt se voit ainsi continuée, dans les droits et les obligations nés du patrimoine par tous ceux qui lui succèdent dans la propriété de ce patrimoine (¹).

Au contraire de l'article 1017 du Code Napoléon, l'article 880 édicte que le droit au legs particulier n'est pas accompagné d'hypothèque sur les biens de la succession, il faudrait que le testateur l'assure par hypothèque spéciale et quant aux droits des tiers, le testament qui la stipulerait doit être soumis à l'enregistrement.

Acquisitions nouvelles. — Le Code est moins absolu que l'art. 1019 du Code Napoléon. Il a suivi la doctrine de Pothier (²). Pour que les acquisitions nouvelles fassent partie du legs, il ne sera pas nécessaire d'une disposition nouvelle dans le testament. On se réglera d'après la destination de ces acquisitions et des circonstances qui pourront faire présumer de l'intention du testateur. Il est vrai que la disposition du Code Napoléon a l'avantage de supprimer toutes difficultés d'interprétation et toutes contestations qui doivent être nombreuses dans le système canadien.

Substitutions. — En droit moderne français, les substitutions fidéicommissaires ne sont autorisées que dans un cas : celui où les père et mère, ou bien les frères et sœurs morts sans enfants lèguent ou donnent des biens avec charge de les rendre aux enfants des donataires.

Le Code du Bas-Canada a conservé la règle de l'ancien droit. On peut créer une substitution par donation entre vifs en un contrat du mariage ou autrement, par donation à cause de mort en un contrat de mariage ou par testament. Bien entendu, l'appelé peut ne pas être conçu au moment de l'acte.

Au point de vue de l'efficacité de la substitution, il importe de distinguer les modes qui l'ont établie. Par contrat de mariage, elle est irrévocable comme le contrat lui-même ; si elle est inscrite dans une donation ordinaire, elle demeure révocable par le donateur,

---

(1) Voir page 109, note 2.
(2) N° 265.

nonobstant l'acceptation du grevé lui-même ; c'était la règle de l'ancien droit, mais le Code y apporte de graves dérogations. Tout d'abord, elle est irrévocable dès que l'appelé l'a acceptée ou si elle a été acceptée pour lui dans les règles légales ; de plus, l'acceptation par les père et mère grevés, même étranger au donateur rend aussi irrévocable la substitution en faveur de leurs enfants nés et à naître.

La révocation, lorsqu'elle peut avoir lieu, ne peut préjudicier au grevé, ni à ses héritiers, en les privant de l'avantage de la caducité éventuelle. Au contraire, et quoique l'appelé eut pu recueillir sans la révocation, cette révocation est au profit du grevé et non du substituant, à moins que ce dernier n'en eut fait la réserve dans l'acte qui substitue.

Quant à la substitution par testament, elle demeure révocable comme toute autre disposition testamentaire.

La substitution créée par un testament ou dans une donation entre vifs ne peut s'étendre à plus de deux degrés, outre l'institué. Dans notre ancien droit, depuis une époque très reculée, il était défendu de faire des substitutions ayant plus de deux degrés, « après l'institution et première disposition icelle non comprise », c'est-à-dire que deux générations au plus devaient se trouver grevées de la charge de conserver et de rendre (¹).

L'acceptation par le premier donataire grevé suffit pour les appelés, s'ils se prévalent de la disposition et si elle n'a pas été validement révoquée. Si la donation devient caduque par répudiation ou par défaut d'acceptation de la part du premier donataire, il n'y a pas lieu à la substitution à moins que le donateur ne l'ait expressément indiquée.

Un donateur ne peut substituer postérieurement les biens par lui donnés, même en faveur des enfants du donataire. Il ne peut pas non plus se réserver ce droit, si ce n'est dans les donations par contrat de mariage. Cependant le disposant peut, dans une nouvelle donation faite d'autres biens à la même personne, ou par testament, substituer les biens qu'il lui a donnés purement et simplement dans la première ; cette substitution n'a d'effet qu'au moyen de l'acceptation de la disposition postérieure dont elle est une condition sans

---

(1) Ord. d'Orléans (Janv. 1560) et Ord. de 1747.

préjudice des droits acquis aux biens. C'est l'analogue de l'art. 1052 du Code Napoléon.

De même que dans notre droit et dans des conditions et sous des sanctions identiques, les dispositions qui emportent substitution doivent être enregistrées. Le Code désigne d'une façon très précise les personnes chargées d'assurer cette formalité essentielle.

L'obligation de rendre les biens substitués dans leur intégrité n'empêche pas le grevé de les hypothéquer et de les aliéner, sans préjudice des droits de l'appelé qui les reprend libres de toute hypothèque, chargé de servitude, et même de la continuation du bail.

Cependant l'aliénation des biens substitués peut avoir lieu dans certains cas, les uns prévus par le Code, les autres par autorisation de justice, mais dans ces cas le grevé demeure tenu du prix des immeubles aliénés. Il doit même en faire remploi. Si le remploi n'est pas effectué immédiatement, la somme est mise en dépôt judiciaire.

Pour les cas où le grevé dégrade ou dissipe les biens frappés de substitution, il peut être assujetti à donner caution. Les Tribunaux peuvent même envoyer en possessoin l'appelé à titre de séquestre.

Autrefois, la publicité des substitutions se faisait au moyen de la lecture devant le Tribunal du document qui la contenait. Après cette lecture, on l'enregistrait dans un livre tenu au Greffe à cet effet. Aujourd'hui, l'enregistrement a remplacé cette formalité. Il doit se faire dans les six mois à compter de la date de la donation entre vifs ou du décès du testateur.

L'article 954 tranche une question très discutée dans l'ancien droit français, et qu'on avait résolue en sens contraire.

Le cas supposé est le suivant. Primo a légué tous ses biens à Secundo, à charge de substitution en faveur de Tertio. Dans ces biens se trouve compris un immeuble. Secundo, après avoir recueilli les biens, épouse Secunda sans contrat de mariage ou avec un contrat de mariage qui n'exclut pas le douaire coutumier. Si, en ce cas, l'immeuble appartenait absolument à Secundo, sa femme Secunda en aurait la moitié en usufruit après son décès et ses enfants, nés du mariage avec Secunda, en auraient la moitié en propriété.

Ce douaire va-t-il exister sur les biens substitués ? Dans l'ancien droit, on avait fini par décider pour l'affirmative, lorsque le frère n'avait pas d'autres biens libres qui pouvaient être affectés au douaire de sa femme, parce qu'on trouvait que cela était nécessaire pour favoriser son mariage. C'est cette ancienne jurisprudence qui est mise de côté par notre article (¹).

Prohibition d'aliéner. — A la suite des substitutions et à leur douaire, le Code traite de la « prohibition d'aliéner » :

Nous savons quelles difficultés ont donné lieu dans notre droit les clauses d'inaliénabilité. Le Code Canadien en admet la validité, même en dehors des substitutions, en matière d'aliénation à titre gratuit, car la prohibition d'aliéner la chose cédée à titre purement onéreux est déclarée nulle.

L'étendue de la prohibition est déterminée par le but que le disposant avait en vue ; elle peut être faite pour des motifs autres que celui de substituer. Il est évident que lorsqu'elle sera absolue et générale, elle en constituera une au profit des héritiers naturels du grevé, encore que le disposant n'en ait pas ainsi formellement décidé. En effet, après la mort du donataire qui ne pouvait en disposer ni par acte entre vifs ni par testament, le bien ira à son héritier naturel. Celui-ci se trouvera alors face à la prohibition d'aliéner et ainsi de suite.

Mais si le Code n'interdit pas de façon spéciale les clauses d'inaliénabilité perpétuelle, cependant le régime de la propriété se trouve soumis à l'article 932 qui limite la substitution à deux générations.

On voit par là la différence qui sépare le droit français du droit canadien. En effet notre droit prohibe l'inaliénabilité perpétuelle, et la Cour de Cassation a établi comme règle qu'une inaliénabilité qui doit durer autant que la vie de la personne propriétaire doit être considérée comme perpétuelle (²).

**

---

(1) Pothier, Nos 61 et suivants.
Ordonnance des substitutions de 1747, art 65.
(2) Cass. 24 janvier 1899. D.P. 00-1-533,

Donations. — L'article 762 annule les donations entre vifs faites pendant la maladie réputée mortelle du donateur, suivie ou non de son décès, si aucunes circonstances n'aident à la valider. Si le donateur se rétablit et laisse le donateur en possession paisible pendant un temps considérable, le vice disparaît.

C'est l'article 277 de la Coutume.

Il faut que la maladie ait « un trait prochain à la mort ». Il ne suffit pas qu'une personne fut malade d'une maladie mortelle de sa nature, pour qu'elle ne put donner entre vifs. Il fallait que cette maladie eut un trait prochain à la mort. Par exemple, un pulmonique, lorsque la maladie n'est pas encore parvenue à son dernier période, ne laisse pas de pouvoir donner entre vifs (1).

Dans certaines coutumes, si le donateur n'était pas mort au bout de 6 mois, la donation était valable (2). A Paris, il n'y avait pas de délai légal. La nullité n'était d'ailleurs pas toujours prononcée, on décidait suivant les circonstances (3).

La donation doit être de toute nécessité enregistrée du vivant du donateur. L'ordonnance de 1549, article 98, donnait 4 mois et « si dans le dit temps le donateur ou donataire décédait, pourra néanmoins l'insinuation être faite dedans le dit temps, à compter du jour du contrat ».

Au contraire de notre article 948, l'article 786 stipule qu'il n'est pas nécessaire que l'acte de donation soit accompagné d'un état des choses mobilière sdonnées. Mais c'est au donataire à faire la preuve de l'espèce et de la quantité désignée. Le Code Napoléon se conformait à l'article 15 de l'Ordonnance des Donations.

L'infraction à la règle, quant à quelques objets particuliers, n'entraîne pas la nullité du surplus (art. 783).

Personnes capables. — Les donations sont interdites entre concubins. Il n'y a pas lieu de se demander si elles sont permises lorsqu'il n'y aurait pas obstacle au mariage. Nous verrons en effet qu'il est défendu aux époux de se faire des donations.

---

(1) Pothier, *Coutume d'Orléans*, art. 297, note 2.
(2) Bourjon, *des Donations entre vifs*, T. 1, titre IV, ch. 4, N° 5.
(3) Ricard, *Donations*, T. 1, 1re partie, ch. III, N° 103.

D'après l'article 303 différent de l'article 463 du Code Napoléon, la donation faite à un mineur peut être acceptée par son tuteur, sans autorisation du conseil de famille. C'est la reproduction de l'article 7 de l'Ordonnance de 1721 sur les donations.

Alors que l'article 1700 du Code Napoléon déclare non écrites les conditions impossibles ou immorales, aussi bien dans les donations entre vifs que dans les testaments, l'article 760 fait une différence.

Dans les donations entre vifs, elle est nulle et rend nulle la disposition elle-même comme dans les autres contrats, dans un testament, elle est considérée comme non écrite et n'annule pas la disposition. Cette distinction est conforme à l'ancien droit.

L'article 774 est différent de l'article 911 du Code Napoléon en ce sens que dans l'énumération des personnes interposées, il comprend tous les ascendants et non pas seulement les père et mère, ainsi que l'héritier présomptif à l'époque de la donation. Mais il est moins brutal car les rapports de parenté, de services ou toutes autres circonstances peuvent faire disparaître la présomption.

La survenance d'enfant au donateur ne forme une condition résolutoire que moyennant la stipulation qui en est faite dans l'acte de donation (¹). Déjà, l'ordonnance de 1731 article 2 disait : « Nonobstant la survenance des enfants, le père donateur peut, si bon lui semble, renoncer au bénéfice que la loi n'a introduit que sur la présomption tacite de sa volonté » (²).

Cette disposition est très compréhensible en droit canadien, où le père peut déshériter complètement même des enfants vivants.

Donations par contrat de mariage. — Comme le Code Napoléon, le Code Canadien stipule qu'elles sont soumises aux règles qui régissent les donations ordinaires, sauf les modifications que la loi y apporte.

Elles sont notamment sujettes à l'acceptation entre vifs, mais néanmoins l'acceptation se présume (³).

A la différence du droit français, elles sont révocables pour ingratitude (⁴).

---

(1) Art. 812.
(2) ARGOU I, livre II, p. 279.
(3) Art. 821.
(4) Art. 813.

Tout le titre du Code (section VI du titre II du livre III) est très précis (Comparer l'article 829 à l'article 1029 du Code Napoléon). Ainsi, à cause de la faveur du mariage et de l'intérêt que les futurs époux peuvent avoir aux arrangements faits en faveur des tiers, il est loisible aux parents, aux étrangers et aux futurs époux eux-mêmes, de faire en un contrat de mariage où les futurs époux ou leurs enfants sont avantagés par le même donateur, toutes donations de biens présents à des tiers, parents ou étrangers. De même, les ascendants des futurs époux peuvent-ils, dans le contrat de mariage, faire des donations à cause de mort aux frères et sœurs de ce futur époux qui est aussi avantagé par la disposition.

Les donations à cause de mort étaient nulles comme révocables à volonté, et par conséquent incompatibles avec les articles 273 et 274 de la Coutume.

Donations entre époux. — Après le contrat de mariage, elles sont prohibées (¹). La Coutume de Paris soustrayait à cette prohibition les donations mutuelles d'usufruit, parce que leur caractère de mutualité faisait disparaître la raison de la prohibition qui était la crainte de voir l'un des conjoints dépouillé par l'autre. Mais supposez que l'un des époux soit sur le point de mourir.

Le Code a écarté l'exception de la Coutume. Il l'a remplacée par une autre : l'assurance sur la vie faite par le mari.

Institution contractuelle. — Elle est très usitée. L'article 820 est le résultat d'une évolution qui, comme tant d'autres dans l'ancien droit, s'est produite graduellement. Les anciens auteurs reconnaissaient bien le principe que l'institution contractuelle ne peut être faite qu'en faveur des époux ou des enfants à naître du mariage.

Mais, dit Lebrun, on avait inventé un moyen de faire l'équivalent d'une constitution contractuelle au profit d'autres personnes que les époux, en constituant la personne mariée à la charge d'associer ses frères et sœurs pour une certaine quotité de l'institution et en faisant de cette association une condition de l'institution (²)

(1) Art. 1265.
(2) Lebrun, *Successions*, III, ch. 2, N⁰ˢ 12 et 31.

C'était la « clause d'association » qui n'était, on le voit, qu'un moyen indirect d'éluder la loi et qui, suivant l'avis de Lebrun, pouvait être révoquée comme n'étant pas une véritable institution contractuelle; Et il ajoutait que si la disposition était faite en ligne directe, elle serait encore révocable, nonobstant l'acceptation des frères et sœurs, comme étant une simple démission de biens à leur égard.

Il serait en effet difficile d'y voir une substitution, car le trait du temps manque. Cette clause n'est pas admise en France (¹).

Puisqu'il s'agit d'une démission de biens (²), l'institution contractuelle en faveur des tiers ne sera pas nécessairement imposée comme une condition de l'institution faite à l'époux. L'ascendant pourra donner à cause de mort une portion de ses biens au futur époux, et une autre portion aux frères et sœurs de cet époux, et la caducité de l'une de ces donations ne profitera pas aux donataires de l'autre portion des biens, mais au donateur lui-même. Il en serait différemment si la donation était faite à l'époux avec substitution fidéicommissaire en faveur de ses frères et sœurs, le prédécès de ceux-ci profiterait à l'époux et non au donateur (³).

Vu :

Le Président de la Thèse,

HENRY-LÉVY-ULLMANN.

Vu :

Le Doyen,

H. BERTHÉLÉMY.

Vu et permis d'imprimer :

Le Recteur de l'Académie de Paris,

P. APPELL.

---

(1) DEMOLOMBE, T. 23, N° 294.
(2) Art. 781.
(3) MIGNAULT, IV, 234.

BIBLIOGRAPHIE

du Droit Civil du Bas-Canada

I. — Documents et Recueils

La Coutume de Paris, rédaction de 1580.

Canadian Archives.

BROWN et GILMON. — *Ordonnances faites pour la Province de Québec par le Gouverneur en Conseil de ladite Province depuis l'établissement du Gouvernement civil*, 1767.

Extrait des Messieurs, 1772.

CUGNET. — *Extraits des registres du Conseil supérieur et des registres d'intendance, des édits, déclarations, ordonnances et règlements de S. M. très chrétienne*, Québec, 1775.

Ordinances made and passed by the governor and legislative council of the Province of Québec, 1786.

MAZÈRES. — *A Collection of several commissions for the Province of Québec.*

PERRAULT. — *Extraits des précédents tirés des registres de la Prévôté de Québec*, Québec 1824.

Statuts et ordonnances revisés du Bas-Canada, 1840.

Titres des Seigneuries, Québec 1852.

Arrêts et Règlements du Conseil Supérieur de Québec, 1854.

Edits du Roi concernant le Canada, Québec 1854.

Statuts refondus du Bas-Canada, 1861.

MASSICOTTE. — *Montréal sous le régime français. Répertoire des arrêts, édits, mandements et règlements (1640-1760)* Montréal, 1919.

Rapports judiciaires officiels de la Province de Québec, Cour supérieure et Cour du Banc du Roi, 1892-1920.

BEAUCHAMP. — Jurisprudence of the Privy Council.

II.   Travaux historiques

CHAUVEAU. — Introduction aux jugements et délibérations du Conseil Souverain de la Nouvelle-France.

RAMSAY. — Notes sur la Coutume de Paris indiquant les articles encore en force avec tout le texte de la Coutume, Montréal 1863.

DOUTRE et LAREAU. — Histoire générale du Droit Canadien, Montréal 1872.

LEMIEUX. — Origine du droit franco-canadien, Montréal 1900.

MIGNAULT. — Livre du Centenaire du Code civil, Tome I.
   Le Code civil au Canada, 1904.

MUNRS. — The seignorial system in Canada, New-York 1907.

W. BENNET MUNRO. — The Custom of Paris in the New World.
   Rechtswissenschafbliche Beitrage, Stuttgart 1909, p. 133.

Jean DESY. — Rapport sur le Droit Civil du Bas-Canada. (Bulletin de la Société de Législation comparée, 1920, p. 232).

FALCONBRIDGE. — Rapport sur le Droit Commercial (id. 1921, p. 46).

   Ces deux études ont pris place dans le « Livre du Cinquantenaire de la Société de Législation Comparée » : « Les Transformations du Droit depuis cinquante ans ».

LÉVY-ULLMANN. — Observations générales sur les communications relatives au droit privé étranger (Livre du Cinquantenaire, p. 103).

III. — Études et Commentaires

BEAUBIEN. — Henry des RIVIÈRES. — Traité sur les lois civiles du Bas-Canada. 3 volumes. Montréal 1832-1833.

BEAUCHAMP. — Code civil de la Province de Québec. 4 volumes. Montréal 1904.

BEAUDRY. — Le questionnaire annoté du Code civil du Bas-Canada, Montréal 1872.

DE BELLEFEUILLE. — *Code civil du Bas-Canada, augmenté des autorités citées par les codificateurs*, Montréal 1866 et 1891.

BEULLAC. — *Code de Procédure civile annoté.*

BIBAUD. — *Commentaire sur les lois civiles du Bas-Canada*, Montréal 1859.

BUTLER. — *The civil Code of lower Canada*, Montréal 1910.

DORAIS et DORAIS. — *Le Code civil de la Province de Québec collationné sur le texte officiel et mis au courant de la législation.* Editions nombreusés.

DOUTRE et LAREAU. — *Le droit civil Canadien*, Montréal 1873.

JOHNSON. — *Civil Code of lower Canada*, Montréal 1918.

KAVANAGH. — *Civil Code of lower Canada, affected by Imperial federal and provincial legislation*, Montréal 1898.

LANGELIER. — *Cours de Droit civil de la Province de Québec.* 6 volumes. Montréal 1905.

LAREAU. — *Le Code civil du Bas-Canada, contenant sous chaque article les amendements et autres dispositions législatives qui affectent le texte, l'indication des autorités citées par les codificateurs, la citation des arrêts des Tribunaux de la Province de Québec*, Montréal 1885.

LORANGER. — *Commentaire du Code civil du Bas-Canada.* 2 volumes (inachevé). Montréal 1873-79.

DE LORIMIER. — *La Bibliothèque du Code civil de la Province de Québec.* 21 volumes. Montréal 1885-1890.

MATHIEU. — *Code civil de la Province de Québec, contenant tous les amendements et changements faits par la législation et quelques annotations des matières en rapport avec le Code civil.* Montréal 1898.

MC CORD. — *The civil Code of Lower Canada, with a concordance with the Code Napoléon*, Montréal 1880.

MIGNAULT. — *Le droit Civil Canadien basé sur les répétitions écrites sur le Code civil de Frédéric Mourlon.* 9 volumes. Montréal 1895-1916.

ROY. — *Explications du Code civil du Bas-Canada*, Montréal 1867.

TABLE DES MATIÈRES

INTRODUCTION

PREMIÈRE PARTIE

Histoire du Droit-Civil du Bas-Canada

PAGES

Chapitre I — Le Canada — Colonie française (1534-1759) . .   13

La législation et l'administration de la justice à l'origine de l'occupation française. — L'œuvre des premiers gouverneurs. — La Compagnie de la Nouvelle-France et la Coutume de Paris. — Création du Conseil Souverain de Québec. — L'édit de 1664 : la Coutume de Paris, loi de la Nouvelle-France. — Les ordonnances royales : la question de l'enregistrement. — Le droit local, la jurisprudence.

Chapitre II — Les débuts de la Domination anglaise (1763-1774)   29

La capitulation de Vaudreuil. — Le régime martial et la justice militaire. — La proclamation de Georges III (7 octobre 1763). — Les ordonnances du Gouverneur Murray : introduction de la législation anglaise. — Protestations et résistances. — Revirement des autorités britanniques. — « Extraits des Messieurs » (1773). — L'Acte de Québec (1774) : Rétablissement de la législation française. — Mécontentement du parti anglais.

Chapitre III — La Domination anglaise (suite) — de l'acte de Québec à nos jours   43

Premières modifications au droit civil de la Province ; dernières protestations du parti anglais. — Atténuation du régime féodal ;

rachat des tenures (1862). — Influence de la doctrine et de la jurisprudence françaises, après le Code Napoléon. — Insuffisance de la Coutume de Paris au milieu du XIX° siècle. — Rédaction et promulgation du Code Civil de la Province de Québec (1866) — Caractéristiques du nouveau Code.

DEUXIÈME PARTIE

Le Code civil de la Province de Québec

PAGES

Chapitre I — Aperçu général 59

Plan et divisions du Code Civil du Bas-Canada. — Comparaison de sa rédaction avec celle du Code Napoléon. — Matières de notre étude. — L'emphytéose.

Chapitre II — Le Mariage 65

Conditions et formalités du mariage. — Effets du mariage. — Dissolution du mariage. — La séparation de corps.

Chapitre III — Des Conventions matrimoniales 73

Dispositions générales. — La Communauté. — La Séparation de biens.

Chapitre IV — Le Douaire 85

Origine. — Douaire préfix et douaire légal. — Composition du douaire. — Protection du douaire. — Son ouverture. — Douaire de la femme. — Douaire des enfants.

Chapitre V — Successions — Testaments — Donations 105

Dévolution des successions. — La saisine. — Les rapports. Testaments et legs. — Substitution. — Prohibition d'aliénés. — Donations. — Règles générales. — L'Institution contractuelle.

Bibliographie 123